張之洞

八

唐浩明 著

岳麓書社

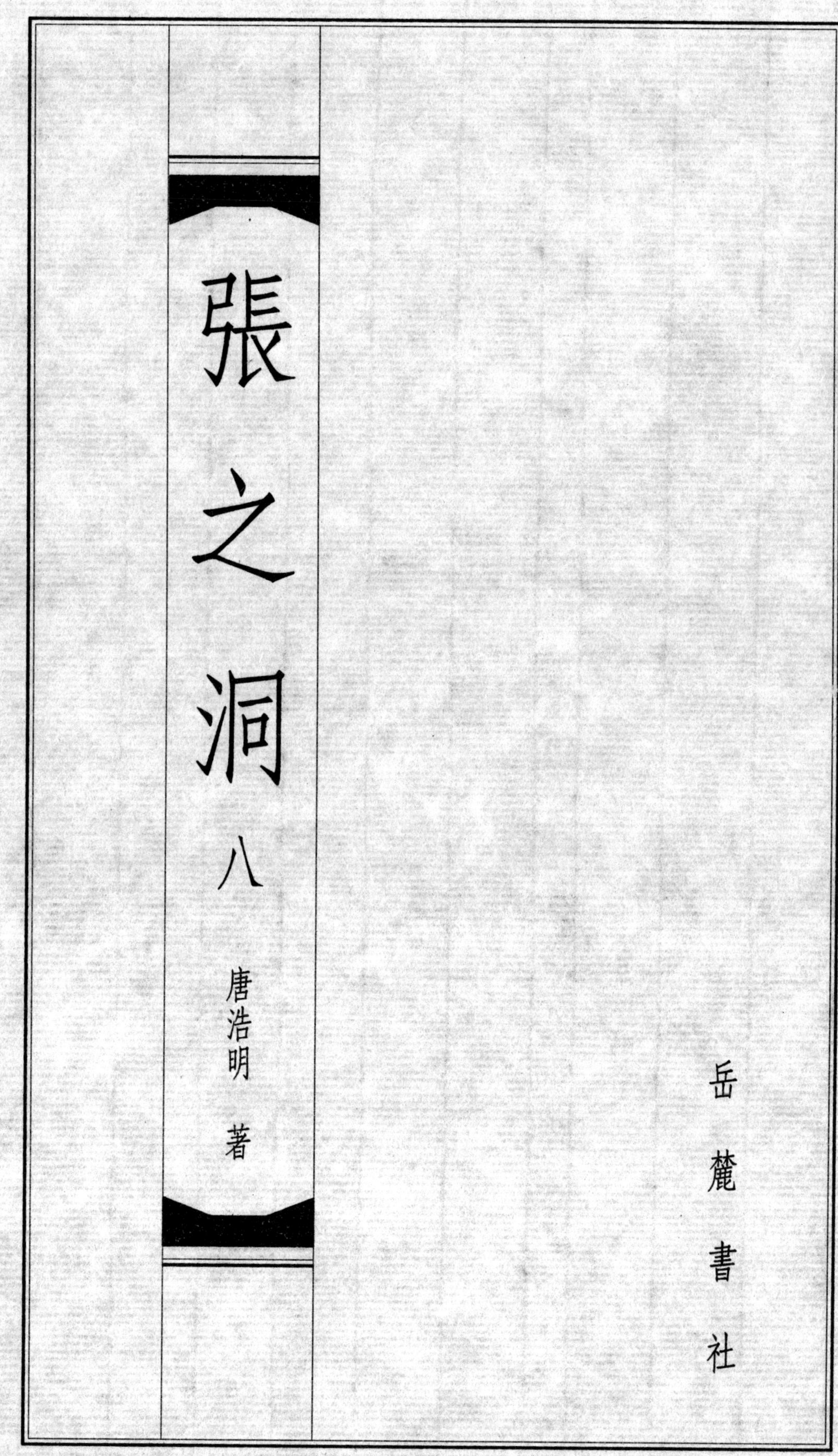

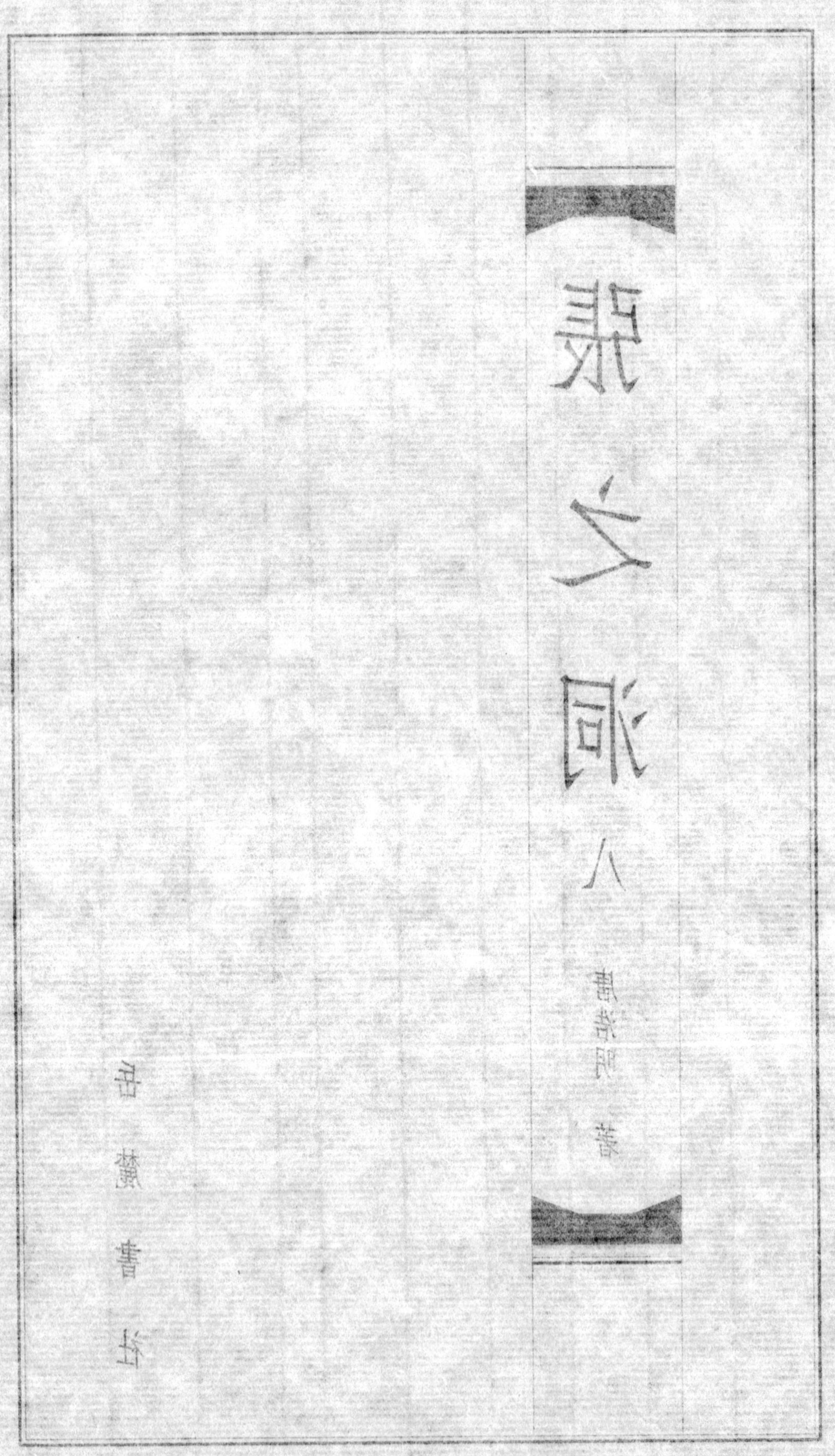

第十六章　中體西用

一　受譚繼洵之託，張之洞着力開導譚嗣同，勸他以捐班入仕

還未出元宵燈節，張之洞便着手處理漢陽鐵廠的事。他冒着嚴寒到鐵廠去過多次。近一年來化鐵爐每天衹出少量的鐵水，這衹是爲了不讓爐子冷却，究其實，五六天開一次爐子足够了，倉庫裏堆着不少鋼錠鐵錠，有的已生了銹，一半以上的匠師和工人一天到晚無所事事，處室中那些辦事人員多半是一盃清茶三五閒聊，就這樣打發日子，個別人竟然在辦公時間裏抽起大煙來。還有的一連幾天不來，人影也見不着。但每個月的薪水是一個子兒也不能少，而且薪水很高，幾個職位較高的洋匠月薪一千兩銀子，全部三十六個洋匠月薪水高達一萬餘兩。鋼鐵賣不出去，開支異常龐大，鐵廠督辦蔡錫勇焦急萬分，早就盼望張之洞回來了。

在湖廣總督衙門議事廳裏，張之洞召集蔡錫勇、陳念礽、徐建寅、梁敦彦，以及洋匠總管德培等人一起會商鐵廠的整頓。

蔡錫勇將鐵廠的情况如實向張之洞作了報告。耗費他一生中的最大心血，寄託他徐圖自强的宏偉理想，曾被洋人譽爲亞洲第一大企業的漢陽鐵廠，在他離開武昌僅一年零四個月的時間就落到如此地步，這個打擊對他是沈重的。

『我離開武昌的時候，將鐵廠之事鄭重委託給譚撫臺，他對鐵廠關心得如何？』

張之洞在江寧這段時間裏，湖廣總督由湖北巡撫譚繼洵署理。對於張之洞提的這個問題，大家一時都沈默着。譚繼洵仍是湖北巡撫，説他的不是，得罪了他總不是好事。

在美國受過多年教育的陳念礽在這方面的顧慮少些，他見老岳父的話没人回應，遂答：『譚大人衹去過鐵廠一次，平時也幾乎不過問鐵廠的事。』

張之洞非常不悦：『其他人呢？湖北的藩、臬兩司呢？』

張之洞走後不久，藩司王之春、臬司陳寶箴先後調遷外省，接任的藩司員鳳林、臬司龍錫慶也都對洋務不熱心。

見大家依然不做聲，陳念礽又答道：『他們也不過問鐵廠的事。』

『啪』的一聲把大家驚嚇一跳，張之洞拍打着桌面火道：『鐵廠又不是我張某人的私産，我一走，湖北的人都不過問了，豈有此理！』

蔡錫勇息事寧人：『鐵廠没管理好，總是卑職等人的責任。我們是要湖北騰挪銀子給我們，他們拿不出銀子，所以也不好意思問我們的事了。』

張之洞問：『鐵廠目前缺多少銀子？』

徐建寅答：『至少要一百萬兩纔能全面轉動起來。』

『向户部去要嘛！』

梁敦彦説：『户部不給，説前後撥了兩百萬，再也拿不出銀子來了。』

張之洞問蔡錫勇：『鐵廠總共花了多少銀子？』

蔡錫勇答：『五百多萬兩。』

張之洞心裏也猛地被堵了一下：花了五百多萬兩銀子，還是這個樣子，六年前籌辦鐵廠時，可沒想到要花銷這樣大。

張之洞轉臉問洋匠總管德培：『鐵廠技術上的主要問題在哪裏？』

英國人德培雖來中國多年，仍聽不懂更不會説中國話。陳念礽把岳父的話譯給他聽，他想了一下，嘰哩呱啦地説起來。陳念礽翻譯：『德培説，煤和鐵礦的質量都有問題。煤裏含硫較多，鐵礦裏含異質過多，可能與煉鐵爐不配套，需要把鐵礦送到英國去化驗一下。』

張之洞不耐煩地説：『鐵礦還要送到英國去化驗嗎？没有這個必要，先前不也煉過好鐵嗎？』

陳念礽見老岳父一口否決德培的意見，便没有把這個話翻譯給德培聽，德培也便不再説話了。

其實這位洋匠總管正是説出了鐵廠技術上的癥結，可惜讓外行而執掌大權的張之洞給粗暴地頂了回去。真知灼見被扼殺，鐵廠因此得再受若干年的懲罰。

蔡錫勇見張之洞臉色不好看，一句話幾次欲出口又給壓了回去。這時，他還是硬着頭皮説了出來：『不少人説，不如將鐵廠改爲商辦，銀子的問題便可解決。據説，户部也有這個想法。』

『什麼户部，是翁叔平他想卸這個包袱！』張之洞怒氣沖沖地説，『商辦，商人惟利是圖，没利的事他們能幹嗎？他們難道比我還對國家對朝廷負責任？我明天親自去看譚撫臺，要他先拿點銀子來幫鐵廠過眼下的難關。』

張之洞態度如此堅決，蔡錫勇不好再説什麼，大家也都不再提這事了。會議就這樣無結果地散了。

第二天，張之洞放下總督的架子，親往棋盤街巡撫衙門。六十多歲的譚繼洵這一年來既當鄂撫又

當湖督，事情比先前自然要多得多。他又是個拘謹的人，故更感到勞累，多年來患的哮喘病一到冬天便加重，今年冬天則更嚴重。入冬以來，他連前院衙門簽押房都没去，就在後院卧房旁邊的書房裏辦事接待來客。昨天接到督署巡捕的來函，説張制臺今下午要來看望他。

張之洞身爲總督，是決不應該在後院書房裏接待的。譚撫臺趕緊命令僕役將衙門中庭的會客廳打掃好，連夜生好爐子；又吩咐厨子去買點時鮮的菜蔬來，要請剛回任的總督在家喫餐飯；又在入睡前加重劑量喝了一碗鹿茸參芪湯，以便明天精神充足。他還不放心，又叫兒子譚嗣同明天決不能離開衙門。一是讓他見見制臺大人，和制臺大人説説話，建立好關係；二來有什麼事好隨時呼應。老三機敏强幹，譚繼洵知道他不僅遠勝自己，就連衙門内那些號爲幹員的人也不能與之相比。

午後，張之洞如期來到巡撫衙門。譚繼洵帶着兒子及撫署裏的總文案、文武巡捕、師爺總管等早已來到轅門外，又打開中門，放砲禮迎。

張之洞笑道：『敬翁身體欠佳，大冷的天氣，何必親立轅門外，督撫同城，常來常往，也不必開中門，放禮砲，行此大禮。』

口裏這麼説，心裏倒也很高興，滿肚子對譚繼洵的不滿，經這番隆重的禮儀，化去了多半。

望着一旁挺立的譚嗣同，張之洞又喜道：『三公子英邁俊拔，我的兒子中無一人比得上。』

『香帥誇獎了！』

到了會客廳，譚嗣同親自侍奉茶水後，便掩門出去了。

『敬翁身體近來好些了嗎？』

張之洞望着鬚髮如枯苧麻，面皮如花生殼，行動如笨狗熊的湖北巡撫，心裏想：這種衰邁的人如

何有精力領牧數千萬人口，數萬里田園？他祇宜在家卧床曝背、含飴弄孫而已。但是，上自樞府，下至州縣，却有許多這樣的人物在佔據着要津。他們固然是貪槽戀棧，捨不得手中的權力、腰中的銀子，而朝廷居然也不勸他們早日致仕騰出位子來給年輕有爲者。唉，就憑這點，就非改革不可！此刻，張之洞仿佛心靈上與康有爲等人又靠近了一些。

『哮喘病人，最怕的是冷天。今年已咳兩三個月了。』

譚繼洵説話，瀏陽腔很重，張之洞須得仔細聽纔能聽清。

『哮喘不好治，我家有個親戚也長年患這個病。他有個方子，不妨試試。』

一聽説有單方治病，譚繼洵心裏歡喜，忙問：『什麽方子？』

『用冰糖蒸曬乾的野枇杷，連枇杷和汁一道喫下去，對病症有所緩解。』

譚繼洵説：『這兩樣東西都好找，我明天就可以試試。』

兩人又閒聊了一會兒。譚繼洵問：『不知香帥親自過來，有什麽重要事情要老朽効力。』

『我專爲鐵廠而來。廠裏現在周轉不過來了，想向湖北藩庫借點銀子，一旦鐵廠的鋼鐵賣出去後，就連本帶息還給湖北。』

譚繼洵説：『鐵廠的錢該户部出。您跟朝廷上個摺子，讓户部批銀子下來。』

張之洞説：『户部那裏一時要不到，衹有自己先想辦法了。』

譚繼洵低頭望着眼前的茶盅，眼光呆滯，嘴巴緊閉，像個入定的老僧一樣，木頭似的紋絲不動。

其實，對於張之洞來訪的目的，他昨天就已料到了。在張之洞回任的前半個月，蔡錫勇還專門爲借錢一事跑過藩司衙門。鐵廠對他的抱怨，他也是早已風聞，但他一如既往地堅持對鐵廠的態度：不冷不

熱，不反對也不支持。譚繼洵爲官三十多年，做京官時，他將忠於職守、拾遺補闕作爲自己的職分。做地方官時，他將勤政清廉、重農恤民作爲自己的職分。譚繼洵做官的原則，完全遵循的是中國傳統的儒家經典，儘管這幾十年來西學東漸，但他不屑於西方的那一套，更從來没有想到自己去辦洋務，倡西化。他認爲這些都不是一個正經官員所應做的事，也不是爲官的職分所在。張之洞辦鐵廠、槍砲廠，建織布局、紡紗局等等，都不是一個總督應辦的事。從好的方面説，張之洞是爲了徐圖自强；從不好的方面來看，張之洞是藉此出風頭圖大名。張是總督，又得到朝廷支持，譚繼洵當然不會也不敢反對。但他抱定一個原則：湖北不能爲這些洋務局廠出銀子。王之春態度積極，譚繼洵很嚴肅地向他打招呼：湖北給局廠的銀子，必須有户部的批文，不能私自給，我們要爲湖北的財政着想。在這樣嚴格的規定下，王之春也不敢更多地放銀子給局廠，但還是盡力予以方便。就因爲此，譚繼洵看不慣，趁着張之洞不在武昌時，力薦王之春出任川藩，把他調走。

譚繼洵不認爲洋務能致中國於富强。中國有中國的國情，中國的富强衹能按聖人所教的那一套去辦，至於張之洞個人的出風頭，那就更不能稱讚了。

這一年來，他作爲署理總督，聽到的有關對鐵廠和其他局廠的風言風語就更多了，諸如糜耗錢財，揮霍浪費，人浮於事，管理混亂，裙帶成風，事倍功半，鐵廠爲貪利之徒開斂財方便，爲倖進之輩謀進身階梯等等，幾乎都是指摘譏諷，少有肯定讚賞的。這一年多裏，譚繼洵對局廠採取不聞不問的態度。他知道他的湖督是署理，張之洞的江督也是署理，不久都會一切復原的。解鈴還須繫鈴人。張之洞造成的爛攤子衹有他張之洞自己來收場。

『香帥的事就是老朽的事，鐵廠的事就是湖北的事。』譚繼洵説了這句心口不一的客套話後，腔調

完全變了。『湖北藩庫的銀錢收支，香帥您是知道的，眼下不要說一百萬，就是十萬都挪騰不出。』

張之洞注目看着眼前這個不知哪一天便會突然去了的老頭子，喫力地聽他緩慢而渾濁的瀏陽腔。

『今年湖北，鄂西十多個州縣遭受旱災，普遍減産三至五成。沿長江兩岸二十多個州縣遭受水災，大多數衹收了三四成，有五六個縣顆粒無收，全年稅收衹有去年的四成半。朝廷衹給我減去二成的上交錢糧，這剩下的三成半，藩庫還不知如何來填補。三天前員藩臺對老朽說，年底藩庫賬簿上的現銀衹剩下二十五萬兩，受水淹嚴重的那些縣得撥出三十萬兩銀子給他們買種籽耕牛，否則春上無法開工。流落武漢三鎮難民有四五萬人，每天還在增加，已開了一百多個粥廠，還遠遠不够。這一百多個粥廠每天耗銀約千餘兩，估計至少還得開一個半月，這筆銀子就要五萬來兩。這些難民都無處住無衣穿，打算給他們蓋四五百間蘆葦棚，施發幾千件寒衣，還加上每天都有餓死凍死的人，得收殮掩埋。這又要二三萬兩銀子。昨天，又接到急報：京山一帶發生地震，方圓百餘里的房子都已倒塌，還不知死了多少人。我已命孔兵備道急速奔赴現場，他向我要銀子，我明知藩庫緊絀，這種時候也衹能先顧眼前了，狠下心叫他帶十萬前去。孔道說十萬作什麽用。我衹得說，先帶十萬去吧，實在不行以後再說。香帥，老朽所說的句句是實話，無一字是假的。您若不信，明天可問員藩臺。您看看現在的情況，湖北藩庫能拿得十萬兩銀子出來嗎？』

譚繼洵說到這裏重重地嘆了一口氣，顫顫抖抖地端起茶盅喝了一口茶。

張之洞則在心頭嘆了一口氣。不能說譚繼洵在完全說假話，他說的事，張之洞都已知道，衹有昨天突發的京山地震，因爲這純屬民政事，故最早的急報是報向撫署和藩署，督署還没有聽到消息。張之洞知道，包括地震在内的所有這些，都會被不情願拿銀子的鄂撫夸大了，而藩庫裏的銀子又會有意減少。巡撫和藩司聯合起來做手脚，總督一時半刻也是查不出的。張之洞心裏很生氣，但又不好對譚繼洵發脾氣。

停了好長一段時間，張之洞纔說：『敬翁剛纔說的，我也知道一些，藩庫的銀子自然是緊絀的，也不必從藩庫裏拿了。我知道江漢關過幾天有一筆銀子要上繳，估計有五六十萬，敬翁把這筆銀子先挪給鐵廠用用吧！』

『香帥有所不知。』譚繼洵又嘆了一口氣。『江漢關的稅收還没繳上來，這筆銀子早就先用完了。』

『爲何？』張之洞驚道。

『去年八月，宜昌出了個教案。德國教會的一條狗被附近百姓打死，教會拘捕了幾個百姓，其中一個百姓死在教會。此事激起了衆怒，結果教會被砸，兩個傳教士和四個教民被打傷，鬧出了一個大事故。最後英國駐漢領事館出來圓場，宜昌縣被迫賠五十萬兩銀子，以江漢關稅銀擔保，纔把這樁教案平定下去。江漢關的銀子早已寅喫卯糧，没有了！』

張之洞的胸中堵了一口悶氣，不是因爲這筆銀子，而是因爲這不平等的教案處置。在四川，在山西，張之洞已親身遭受幾次教案，一概以中國人喫虧而結束。没有別的緣故，就是因爲中國弱，洋人强，辦鐵廠本是爲了中國的自强，可眼前這個撫臺就是看不到這一點。他是寧願賠銀子也不想做自强事業，而像譚繼洵這樣的昏聵官員，又何止百個千個？

『敬翁，你有你的難處，我也就不勉强了。有一件事，還得請敬翁出面幫忙說說話。』

『老朽一開始就說了，香帥的事就是老朽的事。衹是這銀子，湖北藩庫一時真的拿不出，不能爲香帥解決這個燃眉之急，老朽心裏慚愧已極。其他事，老朽一定盡心去辦，您衹管說。』

『大冶鐵礦堆放礦石的山坡，原本就是無人管的荒坡。現在縣衙門派人來告訴礦區，說礦區用了五年了，要交佔地費，一年二百兩，五年一千兩銀子。這本是無道理的事，且礦務局虧損厲害，他們哪裏拿得出這筆錢！敬翁，你下個公文給大冶縣衙門，免了這筆銀子吧！』

說來說去，還是銀子的事。不過，這筆銀子和方纔說的銀子大不相同。明擺着這是大冶縣衙門的敲詐，禁止他們這樣做是名正言順的，何況譚繼洵還有求於張之洞，遂痛快答應：『香帥放心，我明天就叫文案擬公文，叫大冶免去這一千兩銀子。』

『那就謝謝敬翁了。』

看着張之洞有起身要走的架勢，譚繼洵忙說：『香帥，老朽有一件小事也要仰求香帥，請您萬勿推辭。』

『什麼事？』張之洞見譚繼洵說這話時聲音顫顫的，似乎含有一絲幽怨感，頗覺驚訝。

『哎！』尚未開口，譚繼洵先嘆了一口氣。『說來這是老朽的家務事，老朽本不應該來麻煩香帥，但是小兒一向敬重香帥，又因香帥那年也曾勉勵了他幾句，故老朽衹有厚着臉皮懇求香帥出面，開導開導他。』

張之洞奇怪地說：『令郎聰穎勤奮，廣受稱譽，還有什麼需要鄙人來開導的嗎？』

『香帥，您哪裏知道，他是金玉其外，敗絮其中啊！』

譚繼洵一副恨鐵不成鋼的神態，同爲父親的張之洞自然深知這種望子成龍的父母之心。他滿腔同情地聽着。

『小兒要說資質倒也不蠢，書讀得還好，詩文也做得通順，十七歲就進了學。但這些年却不幸走了歪道，不好好讀書應試倒也罷了，却又偏偏迷上邪書邪學。近半年來，他關在家裏寫一本叫做《仁學》的書。有一天，趁他不在家，我在書房裏看了他寫的稿子，真是駭人聽聞。也不知他從哪裏檢來兩個字，叫什麼「以太」，說世界萬事萬物都是以太組成，這真是海外奇談。又說節儉是不對的，連世世代代遵守的準則他都反對。

『更可怕的是，他還說「三綱」是錯的。君臣父子夫婦之間的綱常，這是聖人定下的規矩，他都敢說是錯的。這幾十年來的書讀到哪裏去了！』

譚嗣同竟然說『三綱』都是錯誤的，這倒也真出於張之洞的意外，這個聰明的年輕人怎會如此糊塗！是得開導開導。

『香帥，小兒的這些怪謬，老朽從未跟別人說過。不敢說，怕人以此加罪他。老朽請香帥以童言無忌來看待小兒，寬恕他的無知，指出他的荒謬，讓他迷途知返。小兒心性還是善良的，可以教化。他之所以迷亂，老朽也曾思忖過，可能是從小失去生母，與庶母不合，養成了孤僻冷漠性格。又加之四次鄉試不第，由怨生恨。娶親十多年也没生過一男半女，夫妻不和諧，失去了對人世的愛心。他還好四處遊蕩，結交了一些不三不四的朋友。這些都使他生出一些與常人不一樣的心思，老朽規勸他多次，無奈他總是聽不進。老朽命苦，所生三兒，如今也衹剩下這一個，孫輩也衹老二留下一根獨苗，這一子一孫便是維係譚氏家族的血脈。請香帥務必接受老朽這一請求。儻若小兒能有所開竅，香帥您就是老朽的大恩人了。』

說到這裏，譚繼洵兩眼發紅，似有淚水在眼角邊流動。七十老翁的舐犢之情，使得張之洞不能不答應。

『好。令郎一表非俗，當是瑚璉之器，即算現在走了點彎路，也不爲怪。據説胡文忠公在年輕時也曾走過一段彎路，文忠公父親心中焦急，倒是他的岳翁陶文毅公看出他疏散行爲中的鴻鵠大志，勸老太爺不要過急，到時一切都會好的。自古來英雄豪傑都有一些不循常規之舉，令郎説不定也會是胡文忠公那樣的英豪。我倒是很喜歡他，你叫他今晚到我家裏來。我告辭了。』

張之洞居然將兒子許爲胡林翼式的人物，這令譚繼洵興奮莫名。他一時間竟忘記了留張之洞喫晚飯，連連激動地説：『謝謝，謝謝香帥，犬子今夜一定會來登門求教！』

斷黑的時候，譚嗣同在一個老家僕的陪同下，來到了湖廣總督衙門。爲了表示親切，張之洞在二進院落東邊小書房裏，接待這位『海内四公子』之一的譚公子。

大冷的天氣，張之洞身穿絲棉、狐皮還感抵禦不住嚴寒，又在書房裏生了一大鐵盆炭火，而譚嗣同進門便脱去西式黑呢披風，露出一身緊束的短裝來。他衹穿着薄薄的棉襖和兩層布的夾褲，脚上穿着褐色牛皮靴，長長的靴幫將及膝蓋，靴幫上是一層又一層的繩箍。這一身打扮與瘦精的身材、深陷的雙目相配合，顯露出一股大異通常貴家公子的精悍、豪爽的英氣來。

這的確是個非一般的人！

張之洞在譚嗣同進門那一刻所表現的没有任何虚套的禮節和風風火火的舉止中，已經有了這個强烈的感覺。

『三公子，聽説你現在又有了一個新的字號。』張之洞親切地望着譚嗣同笑着説。

『是的，我爲自己新起了字號叫壯飛。香帥，您怎麽知道了？』

等閒人物，不管年齡多大、官位多高，在張之洞面前都有幾分畏懼之感，譚嗣同却不這樣。這並

非因爲他父親是巡撫的緣故，而是他天生就是這種無所畏懼無所顧忌的性格。

『你刻了詩集四處分送而不送我，是認爲我這個老頭子不懂詩嗎？』張之洞撫鬚笑着，笑容中流露的是長輩的慈祥。

譚嗣同前向將自己的詩作彙集起來，取個名字叫《莽蒼蒼齋詩》，印了三百本，署名壯飛。原來是從詩集上看到的！總督衙門的人都没送，他又是從哪裏看到的呢？

『香帥是詩壇泰斗，没送是不敢送。我的那些塗鴉之作哪敢煩瀆香帥清神。』

『但你的詩已耗了我的清神。楊叔嶠帶着你的詩集來江寧接我，那天夜晚我讀了半夜。』

譚嗣同和楊鋭很投緣。楊鋭到京師後，他們之間常有書信往來，《莽蒼蒼齋詩》印好後，譚嗣同寄了十册給楊鋭，請他代爲分贈京中諸友人。

『叔嶠喜歡你的《瀟湘晚景圖》二篇的第一篇：嫋嫋簫聲嫋嫋風，瀟湘水緑楚天空。向人指點山深處，家在蘭煙竹雨中。説是得《楚辭》之風。我却喜歡你的第二篇：我所思兮隔野煙，畫中情緒最凄然。懸知一葉扁舟上，凉月滿湖秋夢圓。這篇更像《楚辭》，它得的是《楚辭》之神。』

張之洞居然可以隨口吟出自己的兩首詩來，而且給予很高的評價，心性高傲、身在官衙却瞧不起官宦的譚嗣同不覺對張之洞刮目相看，表現出他平生極少有的謙虚來：『謝謝香帥的厚愛，香帥的高評，晚生擔當不起。』

『三公子，我從這首詩中看出你心中好像有很重的隱憂。』張之洞試圖用迂迴的方式來開導譚嗣同。他覺得譚繼洵的分析有道理，先不談他的怪誕心思，而從開啓他心靈的幽閉開始。『三公子，人生的災難，是人人都會遇到的。你十二歲喪母，比起老夫來又强多了。老夫四歲時，母親就去世了。雖然

功名還算順遂，但老夫中年以前連喪三妻，又痛失長女，晚年則有喪子之痛。儘管命運這樣多舛，老夫依然豁達以待，坦然接受種種打擊，以平和之心看待人世，不忌不刻，不怨不尤。三公子，你剛過三十，前程還大得很，聽老夫的話，去掉心頭的隱憂，快快樂樂地讀書應試，爲朝廷爲國家做事。』

知子莫如父，譚繼洵對兒子的分析是深中肯綮的。

母親早逝，父親寵愛小妾冷落兒子，長年生活在没有親情的環境中。這是譚嗣同一生中刻骨銘心的悲傷，也是造成他孤冷性格的重要原因。四次鄉試不第，琴瑟不睦中年無子，使他的悲傷和孤冷更加重幾分。

但是，張之洞想錯了。有不少男人，他真正的最深重的憂傷是不願意説給別人聽的，更何况譚嗣同這樣一條心高如天骨硬如鐵的湖湘漢子！他在嘴角邊淺淺地一笑後，淡淡地説：『香帥説對了，我心中是有隱憂，但這不是對身世的隱憂，而是對國家對百姓的隱憂。』

『憂國憂民，這是自古聖賢傳下來的美德，當然是值得欽敬發揚的。但聖賢也爲後人做出了榜樣，他們並不把憂傷積壓在心裏，更不把憂傷轉化爲怨尤，而是以此激勵自己，設法爲國辦事，爲民造福。』

譚嗣同堅定地説：『我正是這樣想這樣做的。』

張之洞愣了一下，他没有想到這位譚公子是如此聽不進別人的話。想到譚繼洵的懇求，也爲了搶救這個不可多得的人才，張之洞壓下心頭的不快，繼續説：『譚公子，聽乃翁説你有些過激的心思，他頗爲你擔心。』

『香帥，不是我的心思過激，而是這個世道實在是沈悶太久，弊端太多，非得大聲吶喊，大聲呼叫不可，非得大改大變，徹底改變不可。我有些想法，包括家父在內，很多人都不可理喻，其實我是在矯枉過正，而這種過正，也是世道逼出來的。』

張之洞目光凛然地問：『難道非要徹底改變，非要矯枉過正不可嗎？』

『香帥，非如此不可！』譚嗣同毫不遲疑地説，『因爲積重難返，甚至可以説已腐爛敗壞，非得用刀子來剜去不可。舉個例子説吧。比如香帥您，目光清晰，看出了中國要自强必須引進洋人的科學技術，又魄力閎大，在湖北率先辦出了一大批洋務局廠。應該説，您的舉措，會得到全國的支持，您辦的局廠，會取得巨大的成效。但是，據我所知，至少湖北官場，包括家父在內就不支持您。他們大多數袖手旁觀，覺得這樁事與自己毫無關係，少數人還在暗中使絆子，恨不得這些局廠垮掉。而且説句不怕您怪罪的實話，您辦的局廠，也没有取得多大的成效。我聽説局廠裏問題也很多。説句大實話，局廠裏除極個別的人外，絶大多數的人也並不對它的成與敗真正關心，他們衹不過是爲賺薪水罷了。』

這些話雖然很不中聽，但的確説的是實情，正爲鐵廠而憂心的張之洞無力責備眼前年輕人的狂妄不敬，反而脱口説道：『照你這樣説，那什麽事都不要辦了。』

譚嗣同説：『所以我以爲非要大改變徹底改變不可，如果不這樣，那是什麽事都辦不成的。』

『你看怎麽改變法？』

『要衝決兩千多年來所形成的各種有形無形的羅網，全盤引進西方對國家管理的制度法規，改變世代相襲的那些限制中國前進變革的學説思想。如此，方可言洋務，言富强，言中國的前途。』

譚嗣同氣勢磅礴地一句接一句，仿佛在向世界發佈他衝決羅網的宣言，在給病疴沈重的大清王朝診斷症狀，在給古老的華夏民族指明出路。

張之洞在譚嗣同咄咄逼人的氣勢下已覺自己無能爲力，他不想使寄與重託的老鄂撫失望，更不願在一個年輕的被開導者的面前承認失敗，一個主意在他的心裏已經冒出。儘管他並不認爲這是個好主意，但現在衹能藉此爲自己贏點面子，先讓這個桀驁不馴的譚三公子接受再說。

『譚公子，憂國憂民也好，衝決羅網也好，大丈夫爲國家百姓辦事，不能衹憑熱血，更不能衹講空話，要的是踏踏實實地做事。辦事憑的什麼？憑的權和位。你既無權又無位，這些豈不都流入空話嗎？』

張之洞目光炯炯地望着譚嗣同，他試圖用這種威凌壓住譚公子剛纔的氣勢。

『香帥，這個我懂。我四次鄉試，也是想通過科場進入仕途，以取得權位。但主考有眼無珠，不辨龍蛇，我也無可奈何了。』

本想說一句『我衹好自謀出息了』的話，但想一想在制臺面前說這樣的話不妥，便又咽了回去。

『比起尋常百姓來說，你有一條更便捷的路可走，爲什麼不走呢？』

二品以上的大員子弟，在獲得秀才功名後可以通過入監和捐銀直接進入官場，其出身視同正途。朝廷的這個規定，譚嗣同知道，譚繼洵也曾這樣考慮過，但譚嗣同不同意。

『我三十二歲了，不想進國子監了，靠捐銀買頂子的是些什麼人？我豈可與那些人混在一起。』

『譚公子，捐班的確很雜亂，老夫一向也看不起，但事情也不可一概而論，捐班中也有極優秀卓異者。你知不知道，胡文忠公便是以捐班而成就大業的。』

『胡文忠公不是翰林出身嗎？怎麼又是捐班呢？』

對於胡林翼，譚嗣同自然是景仰有加的，但胡是捐班，却是第一次聽到。

『胡文忠公翰林出身是不錯，但在浙江主持鄉試時，因主考文慶携人進闈閱卷一事被告發，他受了

牽連，降一級爲內閣中書。第二年又丁憂，三年後起復，按常規在內閣中書一職上候補。若從這條路走到朝廷大員，不知要到何時，也許一輩子也走不到。另有一條路，若捐銀一萬五千兩，則可得一個候補道，遇到好機會，不久便可得實缺，過幾年有望升爲藩臬大憲。胡文忠公想，大丈夫做事，當以最後成敗定高低，不必拘於區區小節，遂捐了一個候補道。他看準盜匪多的貴州大有英雄用武之地，便主動要求去貴州。果然，沒有幾年便因肅盜立功升爲貴東道，由此發跡。譚公子，儻若沒有捐班這個過程，會有後來的胡文忠公嗎？』

譚嗣同猛地省悟過來。無權無位不能辦大事，走科舉正途又得不到權位，看來要想辦大事，衹有傚法胡林翼走捐班一路了。大丈夫能伸能屈，姑且屈一屈吧！

『香帥，謝謝您的點撥，我先去捐個候補知府吧！』

『好。』張之洞十分高興。他已看出譚嗣同是個不循常規的豪傑。沒有約束的豪傑將闖大禍，有所規範的豪傑可望成大事。候補官對於譚嗣同來說正是個約束。如此看來，譚嗣同將有可能成就一番大事業，不妨預作張本，遂笑道：『到時，我將設法把你分發兩江。兩江我的故舊較多，有利於你的實授和遷升！』

『謝謝香帥！』

譚嗣同告辭張之洞，走出湖廣總督衙門時，夜已很深了。

二　漢陽鐵廠弊端重重難以爲繼，不得已由官辦改商辦

張之洞爲譚繼洵了却家事，譚繼洵却並沒有爲張之洞了却公事。想起漢陽鐵廠銀錢困窘、生產萎

縮，湖廣總督心情仍是沈重。户部因翁同龢的作梗不撥銀子，湖北又確實藩庫無銀，鐵廠怎麽辦呢？

不料，正當經營陷於困境時，鐵政局兼鐵廠督辦蔡錫勇又突然得急病去世。蔡錫勇不僅西學好，人品也好，是湖北洋務的一根頂樑柱，剛剛五十歲便英年早逝，令張之洞悲悼不已。蔡錫勇留下的重擔，衹得叫陳念礽勉爲其難地挑起。鐵廠的出路在何方，張之洞想起蔡錫勇多次説過的商辦之事，把念礽找來商量。翁婿至親，無須客套，談話直接進入正題。

『岳丈，蔡督辦説的商辦，是可以考慮接受的。美國人辦企業，全是商辦，政府幾乎不管。』

『商人姦詐，惟利是圖，鐵廠關係到國計民生，交給他們去辦，能放得下心嗎？』

張之洞滿臉憂慼，屋子裏的炭火很旺，他摘下帽子，露出大半個禿頂和稀疏灰白的髮辮來，愈加顯得老而醜。

『無商不奸，這是中國歷史上的偏見。因爲有這個偏見，纔有崇本抑末的政策，長期奉行這個政策，又使得中國積貧積弱。其實，這個偏見實在要不得。商人有奸有不奸的。鄭國做牛生意的玄高就是一個不奸的愛國商人。岳丈，説句實話，哪行哪業裏人都是有奸有不奸的。就拿讀書人來説，應該是最純潔的，但讀書人中奸的還少嗎？一部《儒林外史》，寫出了多少讀書人中的奸詐。又説農夫該是純潔的吧，各鄉各村的盜匪還不都是農夫出身，他們不就是刁民嗎？』念礽覺得以這樣的口氣跟岳翁説話，有點峻厲了，便嘿嘿笑了兩聲，緩和下氣氛。換了一種語調説下去：『小婿在美國生活了八年，跟美國商界打了不少交道。依小婿看來，美國的商人中有奸商，也有類似中國的儒商，有小奸大儒的，有先奸後儒的。』

張之洞笑着説：『小奸大儒，先奸後儒，這樣的話，倒是第一次從你的口中聽到。這怎麽解釋？』

『許多商人最初都是貧寒的，靠精於盤剥發家，這發家的過程中就少不了欺蒙拐騙。後來發起來了，覺得再一味行奸使詐實無必要，同時也想用錢來洗刷往日的劣跡，便大做好事。比如捐錢辦慈善、辦教育、辦公衆福利事業，博取個好名聲。這便是先奸後儒，這種人在美國的商人中不少。有的商人在與別的商人做買賣時行奸使詐，但在爲國家爲公衆辦大事時，他又光明磊落。這是因爲他知道國家和民衆的力量很大，行奸，一經揭發，便身敗名裂，一生翻不了身；光明磊落則可得到很高的社會地位，提高他的身價，從而更有利於他的生意。這叫做小奸大儒，或叫做暗奸明儒。』

張之洞哈哈笑道：『這美國的商人，真把商字做到家了。』

『商業發達起來後，中國的商人也會這樣做的。』陳念礽説，『漢陽鐵廠是國家的洋務大廠，會有人來認真接辦的。其實辦好了，他是名利雙收。』

『念礽，我倒要問問你，爲什麽官辦不行，商辦就行了呢？』

陳念礽想了一下説：『這大概是商業這椿事的性質決定的。商業是個以謀利爲主要目標的行業，由商人來辦，由於利益相關，他會有很强的責任心，做任何事都會精打細算，管理就會嚴格具體，盡可能地減少或杜絶浪費、拖沓、推諉這些現象。官辦的主要弊端是利益不與個人相聯繫，辦事者不願傾其全力來做。另外，官場有一套相沿已久的繁瑣環節和沈暮氣習，與經商的靈活、快捷、簡便、迅速把握時機這些因素相距太遠，所以官辦不如商辦。』

張之洞仔細琢磨女婿的這番話，覺得也有道理，但改由商辦，又交給誰呢，誰有這個財力和才能呢？

陳念礽説：『大家在一起也議論過，一致認爲當今中國最適合接手辦鐵廠的商家便是盛宣懷。』

盛宣懷！張之洞想起七年前赴任途中，在上海與盛宣懷晤談的情景。正是他，當年就説過湖北有豐富的煤礦鐵礦，開礦煉鐵，大有可獲，衹是此事宜商辦不可官辦。張之洞將此視爲奇談怪論否決了。七年後再去請他來辦，不是承認自己輸了，承認自己不如他嗎？何況，盛宣懷還是李鴻章的人！

張之洞生氣地説：『可以考慮商辦，但不能交給盛宣懷來辦！』

陳念礽知道張之洞不喜歡盛宣懷。話還説不説下去？猶豫一會，他還是鼓起勇氣把自己的看法説出來。

『岳丈，小婿想説兩句逆耳的話，您同意我説吧？』

『你説吧！』張之洞從微微張開的嘴巴裏吐出這三個字來。他知道陳念礽直來直去、決不説違心話的性格，這在他周圍衆多屬下和幕僚中間是極爲少見的。衹有一人與之相同，那便是辜鴻銘。他有時想，這是不是受西方風氣的影響，少了中國士人之間慣有的客套虚僞？但同是西方回來的梁敦彦又不這樣，看來又不全然。在一片附和恭維聲之中，張之洞有時倒是想聽聽不同的聲音，他因而喜歡與辜鴻銘和陳念礽談話。

『盛宣懷這個人的人品操守，指摘者不少，但對盛宣懷的辦事魄力和才幹，却少有否定的。他辦的輪船招商局、電報局都是成功的。二十多年來他積纍了辦洋務的經驗，結識了一批外國商人，在中國商人中有很高的威望，同時也積聚了巨額財富。這些條件，在今天的中國，可以説無人與之相比。鐵廠要商辦，非他莫屬。况且他早年在湖北辦礦務，那年又專門在上海與您見面談此事，可見他對湖北洋務有很深的感情，很大的期望。這一點也不是别人可比的。小婿想，漢陽鐵廠不僅是您一人的心血之所在，事業之所在，更是大清徐圖自强的希望之所在，是國家洋務事業尤其是鋼鐵行業發軔之所在。漢陽鐵廠即便受了千挫萬折，也不能停辦，也不能失敗。它若停辦了失敗了，將會動摇許多人以洋務自强的信心，將會推遲中國洋務事業的進展。它造成的影響，首先不是岳丈您，而是國家，是我們的大清國。』

陳念礽的情緒不由自主地激動起來，一向把以身許國作爲終生信念的張之洞也不由自主地激動起來。且不説他最後的結論是否正確，把鐵廠與國家洋務大局聯繫，從這個角度來高瞻遠矚地看待，這便令張之洞欣慰：這個女婿是挑對了，他是我的知音！

『現在的情况是，若不改爲商辦，很有可能會停辦；若不用盛宣懷，很有可能會失敗。小婿想，在盛宣懷面前承認官辦不如商辦，雖有損制臺大人的威信，但比起鐵廠停辦、失敗而言，這是一件很小的事情。儻若真的停辦或失敗，那影響就更大。起用盛宣懷來辦鐵廠，仍是您的决定，這就是您的英明之處。今後鐵廠辦好了，壯大了，發展了，歷史必會記住您篳路藍縷、創業艱辛的功績，記住您作爲中國鋼鐵業開山鼻祖的功績，記住您起用盛宣懷讓他有一個施展才幹的機會的功績。而這些，説到底還不是最重要的，最重要的是用事實説明中國是可以將洋務引進來辦好的，是可以通過洋務實業走上自强道路的。』

『好了，不要説了！』張之洞心頭的疑慮猶豫早已被這番話一掃而光。『就派你去上海會見盛宣懷，和他商量接辦漢陽鐵廠的事情。』

陳念礽往來武昌與上海多次，與現居上海輪船招商局的盛宣懷洽談關於將鐵廠由官辦改商辦的事宜。

盛宣懷本對湖北的礦業抱着極大的希望，當年張之洞若聽從他的意見，以商家來辦理洋務局廠的

話，他很樂意出面來做督辦。可現在，相隔多年再來找他，他却猶豫了。陳念礽第一次去上海，他以養病爲由，暫不談生意場上的事。正事雖不談，對這個能操一口流利英語的美國留學生却欣賞備至，禮遇甚隆。陳念礽不能在上海多呆，稍住幾天後又趕回武昌。第二次再到上海，盛宣懷說他很樂意做此事，但目前要爲李鴻章出洋做準備，待李鴻章出洋後方可正式商談。陳念礽祇得又回武昌。張之洞對盛宣懷這種有意擺譜和明顯地表示對李鴻章的忠心，雖很氣惱，但也祇得忍着。待到陳念礽第三次去上海時，盛府門房又告訴他，老爺到常州鄉下掃墓去了，請客人在上海寬住幾天，他一回來便會商議這件大事。

陳念礽遂耐心住下來，等着盛宣懷回滬。

其實，張之洞和陳念礽都誤會了盛宣懷。他並不是在擺譜，在念礽往返鄂滬之間三個多月的時間裏，他正在辦着很重要的事情：請現任招商局幫辦的好友鄭觀應代替他去武昌私訪漢陽鐵廠，爲他的決策提供第一手資料。

鄭觀應帶着兩個助手在武昌城裏住了二十來天，又去大冶、馬鞍山等地轉了轉，情況基本上都弄清楚了。前幾天回到上海。正是清明時節，盛宣懷便藉掃墓的機會邀請鄭觀應去他的老家小住幾天。一來鄉間寧静清新，春暖花開，風景絶佳，看看田園風光，放鬆放鬆，消除城市喧囂所造成的疲憊壓抑；二來好從容商談有關漢陽鐵廠接辦不接辦的事。

在盛宣懷依山傍水、外樸內奢的鄉村別墅裏，二人對坐啜茗。一個矮小單薄，尖臉小腮，一個高大寬挺，雙目深陷，外表差距很大，却有相同之處：都精明幹練，都長於謀畫算計，都魄力閎大。

『陶齋兄，說說你的看法吧！』盛宣懷放下含在嘴裏的肥大雪茄，一邊彈着灰，一邊笑笑地說。

『依我看，此事可爲。』鄭觀應放下手中的銀製咖啡盃。『你談談你有哪些顧慮，我可以就你的顧慮來談談。』

『我的顧慮嘛，主要有三點。』盛宣懷深深地吸了一口雪茄後說，『第一，那邊現有的機器設備如何，具體情況如何，你是個見過大世面的實業家，你看看具不具備辦大企業的條件？』

『依我看，漢陽鐵廠的機器設備毫無疑問在國內是第一位的，在亞洲，也無可匹敵，即便在歐美，也算得上先進。這是因爲他的所有設備都是從歐美各國買來的好傢伙，祇是錢花多了而已，被外商敲詐，自己的經辦人又從中貪污，多費了許多冤枉錢。若我們去買，祇有六成的銀子便足够了。至於總體情況，則談不上最好。馬鞍山的煤質不好。大冶的鐵是豐富的，質量也不錯，但化鐵爐不建在大冶却建在漢陽，真不知張香濤當年是如何規劃的。這是一個最大的失誤。』

盛宣懷笑道：『張之洞辦事，既不講實效，又不去考慮是賺還是虧，他圖的是臉面上的風光。當初就有人勸他不要將鐵廠建在漢陽。他說他在督署辦公，從窗口便可看到煙囱冒煙，心裏放心。其實，建在省城，祇是爲了方便來往人觀看，以便展示他的政績。他的這點子心思，明眼人都知道。』

鄭觀應說：『這種局面，帶來許多麻煩，運輸不便，運費大增。』

盛宣懷又問：『那裏的人員如何，技術上有能人把關嗎，工人的操作上行不行？』

鄭觀應答：『據我們瞭解，張之洞爲鐵廠網羅了不少能人，其中好些個便是從歐美留學回國的。鐵廠督辦蔡錫勇，是個很能幹也很有責任心的人，可惜不久前去世了。接替人即那個陳念礽，也有真才實學。雖是張之洞的女婿，却不是徇私。廠裏還有三十六個洋匠，洋匠總管德培，技術上也不錯，

還有幾個人也可以；其餘的洋匠大多並沒有真本事，拿的銀子又多，中國技師不服。工人的操作，祇能説勉強應付，比起西洋來，要差得很多。人員最大的問題在管理部門上，人浮於事，爭權奪利，貪污受賄，拖拉推諉，毫無一點西方企業的管理知識，完全與衙門一個樣。』

盛宣懷冷笑道：『如果我們接受，第一要全部裁掉這攤子人；第二，要叫那些草包洋匠滾蛋；第三，凡無一技之長的工人，也都要換掉，人員要大量精簡壓縮。』

鄭觀應説：『這是非常對的，務必如此，纔能辦好。鐵廠生產一噸鋼，成本要十二三兩，西洋一噸鋼祇要六兩，而且質量好，人家如何會買我們的？這成本高，主要是兩個方面的原因：一是運費高。馬鞍山的煤，運來漢陽已經遠了，還要從開平、日本去買焦炭，就更遠，運費更高昂。二是人員太多，開支太大。當然，還有浪費上的原因。』

盛宣懷不停地吸着雪茄，眼睛時不時地眺望遠處山坡田壠上的桃花、李花和那些叫不出名字的野花，似乎在盡情欣賞眼前的山鄉野景。

見盛宣懷長時間不做聲，鄭觀應以爲他還是不想接辦，便説：『杏蓀兄，你不是很想做中國第一洋務家嗎？如果把鐵廠接過來，把它辦好了，你便一定是第一洋務家了。張之洞辦不成的事，你辦好了，這天下還有誰來與你爭高下？再説，張之洞與外國人交往頗多，儻若你不答應，他就會轉而找洋人。若洋人接辦，就不好了：第一，會讓洋人更瞧不起我們中國；第二，這麼一塊肥肉讓洋人得了，也真是遺憾事。』

『陶齋，鐵廠的根本出路是在鋼鐵的銷路。銷路旺，鐵廠就活了，沒有銷路，再怎麼整頓改進都是白做的。』盛宣懷又點起一根雪茄，吸了一口後，慢慢地説，『這兩個月來，我一直在考慮這個事。

中國用鋼鐵最多的地方祇有鐵路，若鐵路大興，則鋼鐵銷售就可以大旺。但目前津通鐵路已建好，其它鐵路雖計議多時，卻動工無期。鐵路不興，鐵廠的鋼鐵就祇有積壓起銹了。』

『敦促蘆漢鐵路馬上動工。』鄭觀應也在想這個問題。『漢陽鐵廠的興建，當初便有爲蘆漢鐵路提供鋼軌的一層用意在內，祇是後來蘆漢鐵路停下來了。現在看來祇有蘆漢鐵路動工，纔可能使鐵廠的鋼鐵有大量銷路。據説當年李中堂反對重修蘆漢而主張先修津通，是懷着點私心在內的。津通在直隸地面，對他有利，蘆漢是直隸和湖廣兩個總督聯合起來一道修，他擔心張之洞擁蘆漢之功而坐大。』

盛宣懷笑了笑：『你這是從哪裏聽來的話，李中堂知道了，可不高興啊！』

鄭觀應哈哈笑起來説：『李中堂想壓張之洞，這是天下皆知的事，我就是當面對他説，他也不會否認。不管怎麼樣吧，反正李中堂的直督早已讓出來，眼下的王文韶是資格老才幹弱。他不會壓張，反倒是想藉張的力量來辦成蘆漢鐵路，爲自己臉上貼金。』

盛宣懷説：『我們先跟張之洞講好，讓他和王文韶合奏蘆漢鐵路近期開工，這個摺子批下來了，我們再談接手的問題。』

鄭觀應説：『蘆漢動工是大有希望的，這兩個月來已有人在造這方面的輿論了。據説摺子也上了兩三份，《字林西報》、《字林漢報》上有好幾篇文章都在談這事。』

盛宣懷笑了笑説：『陶齋，你知道嗎，這都是你在漢陽期間，我配合着你做的事！』

『哦！』鄭觀應恍然大悟，不覺伸出拇指來。『杏蓀兄運籌帷幄，決勝千里，高明，高明！』

盛宣懷收起笑容，老謀深算的本色立即恢復：『蘆漢動工是第一步，但蘆漢即便動工，也不能保證漢陽鐵廠的鋼鐵就一定暢銷，人家洋人的鋼鐵又好又便宜，爲何不買他們的？況且還有回扣，和各

種各樣看不見的賄賂。要確保鐵路用鐵廠的鋼，還得有個措施。』

鄭觀應說：『蘆漢鐵路肯定在張之洞和王文韶這兩個總督的手中掌握着，張肯定會要用漢陽鐵廠的鋼。』

盛宣懷冷笑道：『辦實業，要徹底打掉書生氣不可。陶齋兄，你身上還有幾分書生氣沒打掉。張之洞如果真有辦實業的本事，鐵廠也不會來叫我們接辦。你想想看，他要做總督，還要辦別的局廠，他會有多少心思來直接管鐵路？到時候，他衹是一個傀儡，實權都在別人的手裏。』

『你的意思是……』

盛宣懷胸有成竹地說：『成立一個鐵路公司，我來任督辦，蘆漢幹綫就由鐵路公司來管。任他湖廣還是直隸都不能插手，這樣方可徹底擺脱官場習氣，也可確保鐵路用鐵廠的鋼。』

『好！』鄭觀應不得不佩服盛宣懷比他要遠勝一籌。『這個鐵路公司也要由張王會銜奏請批准，藉他們的手來爲我們辦事。』

『我也這樣想！』盛宣懷毫不遮擋地說，『商人要辦大事，必須要依靠官府，這是沒有辦法的事，因爲權在他們手裏。西方那些大商人，哪一個不是由走官府這條路發跡的？就是發達了，也還得依靠官府纔能做更大的事。中國是個官僚國家，更非如此不可。衹是中國的商人要想辦大事，除依靠官府外，再得加上一條：巴結洋人。因爲洋人有錢，藉洋鷄來爲自己下蛋！』

『依靠官府，巴結洋人！』鄭觀應爽朗地大笑起來。『說得好，說得好，難怪你做起事來暢通無阻，左右逢源。這可是你盛氏經商辦實業的真經呀！』

盛宣懷得意地說：『我盛某人經商辦實業的真經還多着哩，這兩條還衹是表面的，易得學。深層的，我就是明白地說出來，別人也學不好。』

鄭觀應笑道：『我將我的老三交給你，你帶他個五六年吧！』

『那倒不必。』盛宣懷正經地說，『陶齋兄，說句實話吧，像我這樣賺這麽多的錢，仔細想想也沒多大的味道。我這幾年老是想，我死前要留下兩條遺囑：一是子孫不要經商辦實業，做點小事即可；二以僧服大殮，從簡薄葬，讓我的靈魂歸到佛祖的身邊。』

鄭觀應喫驚地問：『既如此，你天天挖空心思苦苦算計，又爲了什麽？』

『爲什麽？』盛宣懷望着遠方霧嵐繚繞的峰巒，若有所思地說，『說得好聽一點，是爲了國家的自强；說得實在點，是爲了讓世人看看我盛某人到底有多大的本事。』

因爲話題突然變得沉重起來，二人都暫時不再說下去，一個吸雪茄，一個喝咖啡，都默默地看眼前的田園。正是『亂花漸欲迷人眼，淺草纔能沒馬蹄』的暮春時節，杜鵑聲裏楊柳依依，拂面熏風中夾雜着花草的清香，令人心脾暢通，兩位爲洋務勞心勞力、常年奔波於城市碼頭、在盤算洽談燈紅酒綠中過日子的大實業家，這眼前的恬淡、寧静、清新、平和，給他們勞瘁的心靈以舒坦的撫慰。一時間，他們竟冒出某種疑惑來：人活在世上，到底是過西洋的那種富裕忙碌生活好呢，還是過中國傳統的這種清貧澹泊的田園生活爲好呢？

疑惑衹是一閃而過，既已投身商海，便好比是釘死在傳動帶上的螺絲釘，衹能隨着高速動轉的機器而運動，不能再有別的選擇了。

『杏蓀，張之洞派他的女婿來上海三次了，我們這次應和他的女婿一道去武昌和張面談一次，以表示我們的誠意。』

『這次去武昌還不是時候。』

『爲什麼？』

『月底李中堂取道上海放洋，要等他走後我們再去武昌。』

『我們往返一次武昌頂多半個月，趕得及月底送李中堂。』

『不是來不及送的問題。李中堂是不高興我與張之洞合作的，儻若他知道後反對怎麼辦？我是聽他的還是不聽他的？他這次出洋要訪問歐美五個國家，少則八九個月，多則一年，待他回國後，我把一切事都辦得扎扎實實，他再反對也不好說什麼了。』

既不得罪老主子，又不失去這個機會，盛宣懷真可謂計慮周到。鄭觀應不再說什麼了。

從常州一回到上海，由鄭觀應作陪，盛宣懷以最高規格熱情接待陳念礽，態度誠懇地講明，祇有在蘆漢動工和成立鐵路公司兩件事情得到朝廷同意後纔能接辦的道理，並表示，一旦獲准，立即和鄭觀應親赴武昌拜會張制臺，再一起商討具體事宜。爲鄭重起見，商辦的鐵廠還得與制臺衙門簽訂接辦合約，雙方今後都得信守諾言，這是西洋各國的通例，請張制臺諒解。陳念礽從談話中看出盛宣懷的誠意，他很贊同這種做法：雙方都把醜話講在先，一旦達成協議簽字後，則務必遵守照辦，不得翻悔。但中國絶大部分商人却不這樣，談判時被求的一方漫天要價，誅索無度，有求的一方則好話說盡，事事應允。會談時，雙方都各自揀好的說，把不利於對方的東西有意瞞着，結果留下許多後遺症，互相扯皮，互不認賬，到頭來到底誰是誰非無法追究。

陳念礽表示這兩點要求是理所當然的，一定說服張制臺先辦，並請盛宣懷早日去武昌定下這樁大事。

盛宣懷的擔心果然不是多餘。四月下旬，李鴻章帶着兩個兒子和一大群隨員從天津坐海輪來到上海。七十三歲的李鴻章遭受甲午之挫後，其聲望降到他一生的最低點。《馬關條約》的簽訂，使他被舉國罵爲賣國賊。二十多年的直隸總督兼北洋大臣的寶座失去了，如今祇剩下一個文華殿大學士的虛銜，冷冷清清地住在賢良寺，仿佛一個暫住京師的寓公似的，無權無勢，一生熱中競進的前淮軍首領心情沮喪到了極點。

正在這時，當年訪問中國的俄國皇儲現在的沙皇尼古拉，舉行加冕儀式。因爲還遼事件中，俄國起了主要作用，朝廷派員前去祝賀，派的欽差是王之春。俄國以王職位低加以拒絶，點名要李鴻章前去，朝廷祇得改派李鴻章。

正處人生低谷的李鴻章得此消息，心情大爲振奮。他以洋人依然看得起感到榮耀，並深知祇要洋人看得起，朝廷便不會冷落他，重新執掌大權的日子爲期不遠。聽到李鴻章即將出訪俄國的消息，德國、法國、英國、美國都向他發出邀請，希望利用此次出訪的機會順便訪問他們的國家。洋人的重視，立即把李鴻章的聲望又擡了起來。他出國前夕，被訪的各國公使在使館爲他設宴餞行，各部院也看出李鴻章餘威尚存，起復在即，便一改先前的冷漠，都與他熱乎起來。就這樣，沮喪了一年多的文華殿大學士，如今又重新意氣昂揚起來。一到上海，各國駐滬領事館也爭相邀請，弄得李鴻章應接不暇，儘管疲勞却仍很興奮。

直到坐上法國郵輪愛納司托西蒙號，與送行的各國公使及專程從蘇州來上海的江蘇撫藩臬三大憲告辭後，李鴻章纔有點空暇與盛宣懷說幾句話。

『杏蓀，聽說張香濤的鐵廠辦不下去了，要你接手，有這事嗎？』

重領風光的李鴻章雖鬚髮皆白，臉上佈滿了老人斑，精神却很好，腰不彎背不駝，兩眼看人依然有威凌之色。

『張香濤派人來上海找我多次，但我没有答應。』盛宣懷一副恭敬的晚輩神情。

『不要答應他。』李鴻章的口氣近於命令。『張香濤好大喜功，華而不實，漢陽鐵廠被他弄得一塌糊塗，你怎麽接手法？讓他自生自滅，給天下後世留一個笑柄算了。』

『是的，漢陽鐵廠據説管理混亂，虧空嚴重，是個爛攤子。』盛宣懷避開接不接的實質問題，圓滑地與李鴻章敷衍着。

『我知道，張香濤是在看老夫的笑話，他想取老夫而代之。哼，他還嫩了點。』李鴻章習慣性地掏出兩隻玉球，在手裏滾動着。『杏蓀，我給你説個故事吧！正月底，袁慰庭突然到賢良寺看我，做出一副關心我的樣子，勸我辭職回籍安心養老。我一眼看出了他的陰謀。他是受翁叔平的關託，來爲翁叔平説話的。翁叔平協辦大學士做久了，早就想晉大學士，没有缺，要我回籍養老，叫我騰一個缺出來。我就偏不騰。我對袁慰庭説，你告訴翁叔平，叫他死了這條心，我决不會主動請求開缺的，除非朝廷罷了我。袁慰庭聽了這話，灰溜溜地走了。杏蓀呀，我告訴你，張香濤和翁叔平安的都是一個心思。』

李鴻章開懷大笑。自海戰以來，他還没這樣開心笑過。盛宣懷也陪着他大笑。

『杏蓀，你千萬不要答應張香濤。我回國後必定會重掌北洋，你若是對辦鐵廠有興趣，我替你在天津建一個大鐵廠，比漢陽的要大得多！』

盛宣懷含含糊糊地答應着。不久，由直隸總督王文韶和湖廣總督張之洞會銜合奏的，關於蘆漢鐵

路開工和成立鐵路公司，并委派盛宣懷任公司督辦的摺子，因爲没有了李鴻章的阻力，很快被朝廷批准。得訊後，盛宣懷便帶着鄭觀應等一班隨員，乘坐輪船招商局的豪華客船，溯江西上，奔赴武昌。盛宣懷與張之洞在武昌城裏反反覆覆地商談了個把月，纔把合約簽訂下來。盛宣懷親自督辦鐵路公司，而把鐵廠交給鄭觀應來總辦。

從此，由湖廣總督張之洞出面代表政府的官辦漢陽鐵廠，便移交給由當時中國第一大資本家盛宣懷爲頭的商人經理。中國有洋務以來最大的一家工廠，經過四五年的探索後，終於與世界的企業經營之路接上了軌。

就在盛宣懷、鄭觀應招商引股大力整頓漢陽鐵廠、蘆漢鐵路在鐵路公司的督辦下轟轟烈烈動工興建、張之洞在湖北全力經營槍砲廠及布、蔴、絲、紗各洋務局所洋務學堂的時候，一場維新改革運動，經過康有爲等少數有識之士多年艱苦卓絶的努力過程，已經悄悄地却又是不可阻擋地在全國蔓延開來。很快，『維新』、『改革』，便成爲響亮的字眼、時髦的舉措，其中又數湖廣轄境內的湖南省鬧得最爲激烈。

三　張之洞以欽差之禮接待梁啓超

位於洞庭湖之南五嶺之北的湖南省，土地貧瘠，人口衆多，環境迫使湖南人喫苦耐勞、倔强好鬥。北宋以來所形成並逐漸發達的湖湘學派，又向世世代代湖南讀書人灌輸奮發向上經世致用的學術文化。兩者的結合，造成了特色鮮明的民風士尚。這種風尚終於在三四十年前，在曾國藩、左宗棠等領導的湘軍身上達到了頂峰，使湖南成爲全國矚目的省份，也使湘人變得更加自信，更加强悍，也更加

敢爲人先。

光緒二十一年，陳寶箴由直隸布政使調赴長沙任湖南巡撫。陳寶箴是個志大氣雄的政治家，祇因乙榜出身又加之時運不濟，一直到六十四歲纔做到一方諸侯。他決心珍惜這遲到的時運，在有生之年幹一番大事。

也是時勢造成了英豪的際會，當時長沙城裏聚集不少有識見有力量的人物。第一個便是按察使黃遵憲。這位廣東嘉應州出生的富家人，從小便得風氣之先，對西方並不陌生。光緒三年，不滿三十歲的黃遵憲便出任駐日本使館參贊，在日本悉心研究明治維新，並撰寫《日本國志》。以後，又先後出任駐美國舊金山總領事、駐英使館二等參贊、新加坡總領事，是一個熟稔國際局勢的外交官，深知中國祇有維新改革纔有出路，十分贊同他的同鄉康有爲的主張。現在有巡撫出面在湖南先行一步，素有此志的黃遵憲豈能不全力支持？第二個便是學政江標。三十多歲的江標血氣方剛，對委靡不振的朝政非常痛惜，常有刷新政局、振興綱紀的宏願，故很樂意在湖南做變革之事。還有一人便是譚嗣同。他接受張之洞的勸告，捐了個候補知府後，果然分發江蘇。他在江蘇創辦了金陵測量會，並在上海結識了汪康年和由北京來滬的梁啓超。汪康年奉張之洞之命接管上海强學會的錢物後，經張之洞同意辦起了一個名曰《時務報》的報紙，取代康有爲的《强學報》。《時務報》以汪爲經理，梁爲主筆。譚嗣同與梁啓超一見如故，惺惺相惜，立時便成了莫逆之交。譚、梁、汪三人合作，在上海發起不纏足會。正擬創立農學會時，譚嗣同接到湖南巡撫陳寶箴的邀請。

陳寶箴在做鄂臬時，便很賞識譚嗣同的人品才幹，譚嗣同也對這位父執很是欽佩。現陳寶箴主持湘政，立意維新，誠邀他回湘共襄盛舉，對家鄉有着深厚感情的譚嗣同何樂而不爲？便告別梁、

汪，立即離滬回湘。這時，還有一位傑出的人物也對陳寶箴的事業有很大的幫助。此人便是二十年後出任民國總理的熊希齡。從湘西鳳凰縣走出的熊希齡，此時正當二十多歲的青春年華，剛點的翰林院庶吉士。他不願意在沈悶的翰苑做平庸詞臣，得知家鄉的巡撫有心辦大事，便從京師回湘自願參與。

那時湖南的藩司俞廉三，雖不積極支持，但也不反對，不設絆脚石。於是陳寶箴在黃遵憲、江標、譚嗣同、熊希齡等人的襄助下，在湖南大行維新變革來。一時間，辦礦業，辦航運，辦新式學堂，辦報紙，把三湘四水弄得沸沸騰騰的，沈默了十多年的湖南再次引起世人的矚目。張之洞自然是支持陳寶箴的這些舉措的。湖廣總督在軍務上節制兩湖的綠營，在民政上，雖不直接掌管，但也擔負着督查錢糧刑訟、舉察官吏等重要責任。因爲督署設在武昌，向來湖督偏重於湖北而疏於湖南，張之洞亦不例外。但現在湖南形勢逼人，且陳寶箴本是由張之洞薦舉起復而走上坦途的。無論公誼私情，張之洞對陳寶箴治理下的湖南新氣象都大爲欣喜。在諸如人才、技術及與外國聯繫採購機器等事上都盡力予以支助。

這時，在譚嗣同的倡議下，省垣長沙又創辦了一所規模宏大的新式學堂，因受《時務報》的影響，取名時務學堂，由江標任督辦，熊希齡爲提調，經黃遵憲、譚嗣同建議，衆人一致贊同聘請因在《時務報》上發表一系列文章而享譽海內的梁啓超爲中文總教習。梁啓超欣然接受，與汪康年商量後暫時離開《時務報》前赴湖南履新。汪康年希望梁啓超途經武昌時去拜會張之洞，梁啓超也很想見見這位如今隱然執天下督撫牛耳的香帥，於是汪康年修書一封，先行投遞武昌督署。

《時務報》創辦一年來，已出了三十多期，採用新式的石印技術，印刷精美，每期都有二十多頁，

分爲論說、論摺、京外近事、域外報譯諸欄目，圍繞着一個主題即維新變革。主筆梁啓超每期至少有一篇文章，有時兩到三篇，三十多期《時務報》上共發表梁的文章達四十多篇。梁啓超的文章，或抨擊現實中的腐敗黑暗，或呼籲變法的重要可行，或介紹西方風土人情，或弘揚中國的國粹傳統，篇篇文章激情澎湃，才華橫溢，使人讀之有滔滔江水一瀉萬里之感，又好比烈火在胸，滿腔熱血都燃得沸騰起來似的。除梁啓超外，康有爲的弟子和追隨者如麥孟華、徐勤、歐榘甲，還有後來名滿天下的章太炎等人都在上面發表文章。《時務報》集天下文章之粹，彙海內大家之英，如一顆耀眼的明星，冉冉升起在中國的文壇。熱心國事、關心時務的士人，都喜歡讀《時務報》，每期一出，爭相閱讀，發行量高達萬餘冊，風靡全國。刊載於《時務報》上的文章，其影響力遠遠大過皇上諭旨、赫赫布告。

《時務報》每期贈送十冊給湖督衙門。衙門裏的官員尤其是那些幕友們視爲珍寶，不僅仔細閱讀，還要三五討論，說長論短，他們尤其酷愛梁啓超的文章。這些以文章換飯喫的師爺，個個皆文章是自己的好，互不服氣，目空一切，但在梁啓超的面前，他們一概服了輸，公認梁是當今第一才子。有的甚至認爲梁啓超的文章超過韓柳、方駕孟荀，是古往今來的第一等文字。這些幕友們讀後又紛紛向其親友推薦，往往一冊《時務報》一兩個月後再轉回衙門時，早已紙頁翻破，角邊卷起。

張之洞也很喜歡閱讀《時務報》。他每期都讀，每篇都讀，讀得專注認真，和衆幕友一樣，素以文章自負的張之洞也視梁啓超爲文苑奇才，年紀輕輕便有如此才華識見，猶如賈誼再世，王勃復出。《時務報》出到第五期的時候，他以個人名義捐銀五百兩，又以總督名義購買三百份分送兩湖文武大小衙門、各局廠書院學堂，讓他們以開眼界、以廣見聞。此舉很快便收到實效。湖北官場對他所辦的洋務局廠紛紛關注起來，至於在湖南，更是爲陳寶箴的新政大起宣傳鼓動、推波助瀾的作用。

得知梁啓超要來督署拜謁張之洞，幕友們都很興奮。梁鼎芬、辜鴻銘、陳念礽等人都來到簽押房，請總督安排一個時間，讓大家和梁啓超見面聊聊。梁鼎芬是個最佩服梁啓超的人。有人問他同爲廣東人，你們是不是同宗。梁鼎芬說：『番禺與新會相隔不遠，同宗的可能性很大。這次我就打算以族人的身份請他喫飯，邀請諸位作陪，請香帥賞臉出席。』

張之洞高興地說：『好哇，請梁啓超這餐飯就由節庵付錢吧，爲我省了幾兩銀子。』

辜鴻銘取笑道：『據說梁啓超是你的爺爺輩，你見了他要不要行孫輩大禮？』

陳念礽哈哈大笑起來。

『胡說八道！』梁鼎芬瞪了辜鴻銘一眼說，『有句俗話：五服之外，兄弟看待。我長他十多歲，他要以兄長之禮待我。』

辜鴻銘又出新論：『聽說梁啓超十六歲中舉，主考很賞識他，將自己的堂妹許給他。這個女人比他足足大了十歲。』

梁鼎芬說：『你又弄錯了，沒有十歲，衹大四歲！』

『大老婆，小老公，打不贏，拿頭衝。』辜鴻銘唸了幾句不知從哪裏聽來的順口溜後說，『大四歲，也是大老婆小老公。』

陳念礽說：『我聽人講，梁啓超有異於常人的秉賦。他可以一邊寫文章，一邊和人談話，還不躭誤與人對弈，而且贏多輸少。』

辜鴻銘指着梁鼎芬說：『節庵，你是下棋高手。到時，香帥命他寫文章，我和他談話，你和他下棋，非把他下輸不可。』

梁鼎芬冷笑道：『那樣做，贏了也不光彩，若輸了，毀了我一世英名。要考查他有沒有這個特異秉賦，還是湯生去和他下，湯生反正下的臭棋，輸了也無所謂。』

辜鴻銘並不生氣，笑着說：『我下就我下，看看他究竟有多大的本事。』

『你們看，梁啓超那天來的時候，要不要大開中門放砲迎接？』在衆人的談笑中，張之洞冷不防地提出這個問題。

大家都被張之洞這句話給嚇住了。大開中門、放砲迎接的是什麼客人，那是奉旨專來督署辦公事的欽差大臣，或由京師下來的王公貴戚、大學士、軍機大臣，梁啓超一個二十多歲的布衣，湖廣總督衙門的中門要大開來迎接他，張香帥莫不是糊塗得忘了規矩？

『香帥，這萬萬使不得！』梁鼎芬連忙勸止。『您這樣以非常之禮對待他，不說違背禮制，招人議論，就是梁啓超，他也擔當不起呀！這要折他的福、損他的壽的！』

張之洞哈哈笑起來，說：『那就不開中門，開右邊側門，我帶着你們到轅門外去迎接他！』

當時的規矩，以右爲大，右門迎接的都是些高官要員。

梁鼎芬說：『這個禮儀也太重了。香帥親自到轅門外迎客人，我們一年中也見不到一兩次，梁啓超豈能享受這高的待遇！』

陳念礽說：『您不必這樣費神了，還是像平常一樣，將梁啓超當一個普通舉人看待，這樣於他更好些。』

梁鼎芬說：『念礽說得對，不必格外舉行迎接禮儀，衹是留他在衙門，由我做東請他喫一頓飯，香帥出席，這便是對他的最高禮遇了！』

『行！就依你們說的辦！』

然而，梁啓超來的真不是時候。當他在漢陽門碼頭踏上武昌城地面，經人指點來到湖廣總督衙門的時候，正遇衙門的休沐日，總署後院的張府正趁着這個休沐日在操辦結婚喜事。

結婚的人是張之洞二哥的兒子仁樹。張之洞的二哥很早就去世了，留下二子一女，全靠張之洞接濟。長子仁樹這些年來到四叔身邊。爲討好張之洞，梁鼎芬將連秀才都未中的仁樹安置在兩湖書院做古文教習。張之洞雖覺得不大合適，看在亡兄的分上，也没說什麼。爲了不使侄兒在大喜日子裏有失怙之感，張之洞特意將他當兒子一樣的看待：在後進院裏西邊廂房的一間高大房間裏，爲仁樹佈置了洞房，並同意在衙門裏舉行婚禮，到時爲他主婚。但他也給侄兒約法三章：一不發帖子，二不接禮金，三不擺酒席。侄兒體諒叔父的苦衷，都接受了。

即便不發帖子，這大的事豈能瞞得住？這一天，從早上開始，懷抱着各種各樣目的的賀喜客人便絡繹不絶地湧進總督衙門，轅門外雖無張燈結綵，也無鼓樂鞭砲，但從進進出出的人們臉上所帶的春色中，梁啓超猜想衙門裏今天正在操辦喜事，暗思今天來的不是時候，正想改天再來，轉念一想，既已來了，不妨去碰碰運氣。

梁啓超對門房剛一開口，門房便連連擺手：『你這後生子好不曉事，你没看見衙門今天辦喜事嗎？侄少爺大喜，咱們家老爺子親自主婚，怎麼有空來見你？今天就算不辦喜事，你一個無官無職的後生，咱們家老爺子也不可能見你呀！你得按規矩，先遞稟帖，回家候着。隔三差四地再來打聽下，

『節庵兄，小弟有禮了！』

梁啓超對着梁鼎芬深深一彎腰，梁鼎芬忙扶起，説：『我們進去吧，我帶你去見張香帥！』

就在梁鼎芬拉着梁啓超跨進督署衙門的那一刻，一個場面讓二梁都驚住了：祇見從大門到頭進接客廳一直到二進議事廳，長長的甬道兩旁已站滿全副戎裝的親兵營士兵。這些士兵手持紅纓槍，精神抖擻，看見他們踏上甬道時，領頭的都司高喊一聲：『梁先生到！』頓時，『梁先生到』的聲音便由前一個士兵傳給後一個士兵，一聲聲遞傳下去，一直從接客廳傳到議事廳。

農家出身的布衣梁啓超，還從未見過這等威儀赫赫的官府禮儀，一時間，他有點手足失措。一旁的梁鼎芬也暗自驚詫：香帥使用的依舊是接欽差和王公大員的禮節，祇是免去開中門放砲那些讓過路百姓都知道的環節而已。他悄悄地對梁啓超説：『香帥是用迎欽差的禮儀來破格接待你。你不必緊張，隨着我邁開大步走就是了。』

梁啓超畢竟不是庸常之輩，心裏想：他擺出這個禮儀來，我就受了！王侯將相，寧有種乎？焉知日後我梁某人就不能名正言順地享受這種禮儀，此時暫且把它當作一場演習吧！

想到這裏，他昂起頭顱，挺起胸膛，以一襲洗得發白的灰布長袍，旁若無人地大步行走在兩旁士兵的睽睽目光中，開創有湖廣總督衙門以來從未出現過的奇異場景！

來到接客廳，祇見寬敞的廳堂中早已站滿了衙門的官員和幕府的師爺們，一個個引領爭睹這位以一張報一支筆而震驚華夏的廣東舉人：他怎麼這樣年輕，年輕得好比自己的兒輩、孫輩！他們在心裏嘀咕着。但就是此人做出了這等大的事業，他現在正活生生地從你眼前走過。後生可畏，後生可畏呀！他們又在心裏感嘆着。梁啓超面對着衆人熱切的目光，從容自若，面露微笑，他沒有一絲拘謹之態，而是滿臉的成功之感，心安理得地接受這批被他視爲庸吏俗員的驚佩交集的眼神。

剛走出接客廳，正要向議事廳走去的時候，梁啓超一眼見到一個身穿官服矮小單瘦白髮白鬚的老頭子正向他走來。他心裏想，這或許是張之洞，轉念又想，人人都説張之洞心氣高傲，好擺架子，他怎麼會走出廳堂來迎接我呢？正在遲疑時，梁鼎芬用手觸了觸梁啓超的衣角，悄悄地説：『香帥親自來接你了，你要快步上前去迎候。』

果然是張之洞！梁啓超一陣驚喜，忙快步趨前。將要來到張之洞面前時，他深深地一彎腰，朗聲唱道：『廣東舉人梁啓超拜見張大帥。』説着就要下跪行大禮。

張之洞趕緊走上一步，雙手扶住：『卓老，你是我請來的客人，不要行此大禮。』

卓老？梁啓超和梁鼎芬都一怔，這是在稱呼梁卓如嗎？二十多歲的年紀，舉人的功名，無品無級的身份，年已花甲的湖廣總督竟然稱他爲『老』！常年在張之洞身邊的梁鼎芬，曾親眼見過這位大帥的多少倨傲無禮：不少道府鎮協文武官員，遞上名刺，三四日等不到召見；輪到接見了，往往在客廳裏一等就是一兩個時辰，有的官員甚至抱怨説，謁見張大人得隨身帶被子，以備過夜用。張之洞經常是一臉殺氣地接見官吏，幾句話不投合，便拍桌發脾氣，厲聲訓斥一番後，將名刺擲下地來，弄得被接見的抱頭鼠竄，返家後兩三天回不過神來。至於在接見中黑着臉訓話指責，那幾乎是家常便飯。所以兩湖文武都怕見這位使氣任性、喜怒無常的制臺大人，背地裏罵他恨他的人很多。可是，今天怎麼啦，難道香帥換了人？難道他料定梁啓超日後會做宰相？都不是，很可能是聽錯了！

『卓老，我早就盼望你來了。』

又是一聲『卓老』，清清楚楚，分分明明，令驚異非常的二梁再不敢懷疑是聽錯了。

『香帥，您千萬不要這樣稱呼我！』梁啓超真有點誠惶誠恐了。『您這樣稱呼我，我今後要死於非命的。』

張之洞哈哈大笑起來：『見到你真高興。你雖然年紀不老，但學問老到，文章老到，叫你一聲卓老，亦不爲過。節庵，你說呢？』

梁鼎芬忙說：『香帥愛才重才，出於衷心，溢於言表，卑職敬佩無已，也爲卓如欣慰無比。舉世滔滔，卓如有香帥一知己，已無愧生於斯世了。衹是卓如畢竟纔過弱冠，是香帥的子侄輩，這樣叫他，他的確擔當不起。再說，卑職還剛剛與卓如聯了宗，他稱我爲兄，我叫他爲弟，儻若香帥硬要稱他爲卓老，我這個族兄今後如何稱呼他？』

張之洞聽罷，又撫鬚大笑起來：『從門房到接客廳纔幾步路，你們就聯上宗了？好，好，爲了不讓節庵爲難，不叫你「老」了。』

梁鼎芬笑着說：『謝謝香帥，你給卑職大面子了！』

張之洞這時纔將眼前初次見面，却聞名已久的年輕人仔細打量着。他原來是這個樣子：中等身材，略顯單瘦，皮膚黑黑的，腦袋的大小跟常人差不多，腦門却特別的寬廣突出，兩隻大眼睛稍有點凹下去，精光四射，神采奕奕，鼻子有點扁平，一張嘴巴看起來比通常人要寬大。

張之洞邊看邊點頭，說：『好，好，我說你怎麽這樣聰明，原來你的腦門與常人不同，又突又寬，智慧無邊。』

梁啓超說：『取笑了。啓超就因這個腦門沒生好，被人說爲醜八怪。』

張之洞哈哈笑道：『再醜還能醜得過老夫嗎？你知道別人怎麽罵老夫的：尖嘴猴腮，面目可憎，

舉止乖張，語言無味。老夫今天以王公欽差之禮接待你，今後傳出去，又是舉止乖張的一個新例證了。』

梁啓超說：『大帥如此錯愛，小子擔當不起。』

『擔當得起，擔當得起！』張之洞說，『你不要看那些蟒袍玉帶的王公欽差，模樣神氣得很，其實沒有幾個有真本事的，你的本事比他們都大。』

梁啓超高興地說：『大帥言重了！』

梁啓超隨着張之洞走進議事廳，剛剛落座，張之洞便說：『在這裏坐會兒，衹是個儀式而已。這裏不便談話，節庵帶你到會客室去，我隨後就來。』

在梁鼎芬的導引下，梁啓超來到東院幕友堂旁邊的西式會客室，這裏早已坐滿了人。梁鼎芬將徐建寅、梁敦彦、辜鴻銘、陳念礽等一班頭面人物向梁啓超一一作了介紹。

一會兒，張之洞過來了。他已脫去官服，換上普通的寬大布袍，隨意坐下後，又招呼着梁啓超坐到他的身邊，親手剥開一個金黃色橘子，遞給梁啓超：『這是湖廣特産，有名的南橘，你嘗嘗。』

梁啓超雙手接過。

『我自來武昌後就喜歡喫這東西。怪不得屈原作《橘頌》，給它很高的評價。』張之洞情不自已地唸道：『后皇嘉樹，橘徠服兮，受命不遷，生南國兮。』

『深固難徙，更壹志兮。緑葉素榮，紛其可喜兮。』梁啓超接下背道。

『雖枝剡棘，圓菓摶兮。青黃雜糅，文章爛兮。』張之洞背到這裏，笑着對梁啓超說：『這後兩句，是屈老夫子在恭維你的文章。』

第十六章　中體西用

梁啓超不好意思地說：『香帥取笑了。』

衆幕友們都笑了起來，對張之洞的機敏表示嘆佩。

『聽說李端棻是你的內兄？』張之洞望着梁啓超問道。

『是的。內子是李大人的堂妹。』

『老夫生在貴州，長在貴州，也可算半個貴州人。因爲這個原因，李端棻硬要認我做鄉親。』

梁啓超面帶喜色地問：『香帥和李大人熟悉？』

張之洞高興地說：『豈衹是熟，而且是很好的朋友。』

頓時，梁啓超覺得與這個制臺大人的關係拉近了許多：『這樣說來，我與香帥之間多了一層私誼。』

『是的，是的。』張之洞點着頭。

一向愛出風頭的辜鴻銘早已忍不住了，這時見有了點空隙，趕緊接嘴：『梁先生，我們這裏的人都喜歡讀你的文章。我辜某人向來瞧不起別人的文字，對你却不敢瞧不起。我問問你，你是不是學韓文起的家？』

梁啓超早就從汪康年那裏知道張之洞的幕府中，有個怪人辜鴻銘，趁着這個時候，他將這個混血兒仔細看了一眼。中國話雖說得仍不很地道，但能看出自己的文章受韓文的影響頗深，表明他的中國文學還是進了門檻的，於是笑着說：『我的確是把韓文公的文章讀得滾瓜爛熟，不過，不衹韓文公，莊子的文章、太史公的文章乃至今日的曾文正公的文章，我都隨口可以背得出。不過，當着張大帥的面，我說句或許不當說的話，我的文章主要還不是得力於韓文公、莊子或太史公，而是得力於我捉住了報文這種新文體的牛鼻子。這個牛鼻子便是我的維新主張。我憑此纔能振起文章的格調，引起海內官場士林的刮目相看。諸公若也抓住這個牛鼻子，同樣也可以寫出橫空出世的文章來的。』

梁鼎芬擺出一副兩湖書院的山長神態說：『氣者，文之帥。卓如老弟說的維新主張，其實就是他所仗的氣。他這種氣勢，別人尚未得到，故他的文章能超過別人。』

『節庵說得不錯。』說詩論文本是張之洞的愛好，昔日學政的派頭又出來了。『做文章，遣詞造句是第二位，有無氣勢纔是第一位。若氣勢相當，詞句佳者又得上風。卓如的文章勝過乃師康有爲，不在氣勢而在詞句上。卓如的詞句設譬形象貼切，可觸可感，用字講究聲調，琅琅上口，讓人讀來趣味盎然。還有一點，卓如的文章往往能將深刻的道理化爲通俗易懂的文字，這就叫深入淺出。卓如呀，文章做到你這個份上，連我這個老學臺都要服氣了。』

梁啓超忙說：『香帥文章，海內早有定評，小子哪裏比得上。』

陳念礽說：『梁先生，你是後來居上！』

梁啓超忙說：『不敢，不敢！』

『你的老師不大好！』張之洞表情嚴肅地說，『他太自以爲是，又愛玩弄點小手腕。最不好的是，他篡改孔子，把自己的臆測强加在孔子的頭上。這種做學問的態度不老實。』

張之洞這番話真使梁啓超太爲難了。他十分敬重自己的老師，老師的脾氣雖有點犟，但這也正是老師的認真。老師的兩本大著也確有臆測的成分在內，但老師不是經學家在做考據，而是藉聖人的大名在行維新，其作用比死板的學究書要高百倍千倍。但面對着張之洞這副正經神情，他又不好去爲老師辯說。一向能言善語的梁啓超囁嚅着，正思用一個兩全其美的良法來解此困窘，突然大根走了進

來，附在張之洞的身邊輕輕地說：『四叔，婚禮儀式就要開始了，嬸子們和仁樹都急着等你去主持。』

張之洞拍了拍腦門笑道：『你看你四叔老成什麽樣子，連仁樹的婚禮都給忘記了。』

轉過臉對梁啓超說：『今天老夫的侄兒結婚，我現在得過去爲他主持婚禮，我過會兒再來。晚上，你的本家要設宴款待你，我們都來做陪客。』

梁啓超這纔想起門房早就說過此事，因爲自己貿然相訪，把衙門原來的安排給打亂了，還害得張大帥陪着聊了這長的天，覺得十分過意不去，忙起身說：『小子罪過，罪過。』

『侄兒結婚是喜事，你來督署也是喜事！』說着起身，招呼陳念礽：『你也和我一同去，你這個做姐夫的也不能缺席。』

待張之洞走出門外，梁鼎芬十分激動地對梁啓超說：『香帥對你真可謂禮遇之至，比之於古時的陳蕃設榻待徐稺，有過之而無不及。』

梁啓超也的確感覺到張之洞在以國士之禮待他，心中充滿對這位實力人物的感戴。這次到湖廣來是對的，維新變革没有實力人物的支持是絶對不行的，真正的實力人物並不是京師那些王公大臣，而是眼下活躍政壇的幾個督撫。他爲老師没有與張之洞相處好而感到惋惜，要爲老師把這個過失補救過來。

没有張之洞坐在這裏，仿佛脖子上的枷鎖給解去了似的，那些平素畏懼總督威嚴的官吏和與總督關係較疏的一些幕友們，這時紛紛毫無顧忌地和梁啓超聊起天來。有的問萬木草堂的情況，有的問乙未年公車上書的内幕，有的問康有爲的三世之說除《公羊傳》外還有没有别的依據。梁啓超是個没有城府的年輕人，很樂意在他們面前表現自己，遂有問必答，一點也不含糊遮掩。衆人都很喜歡這個見多識廣、豁達爽直的青年才俊。

大約過了個把小時，張之洞又身穿便服進了會客室，一落座便對梁啓超說：『你在《時務報》上說的一句話，老夫很贊賞。』

梁啓超問：『不知是哪一段話？』

大家也都屏息聽着。

張之洞說：『我不記得哪篇文章了，話的大意是：如果捨西學而立中學，則中學必爲無用；如果捨中學而立西學，則西學必爲無本，皆不足以治天下。』

梁啓超說：『這是我在《西學書目表序例》中說的話。』

『你這話好就好在將中學、西學兩者之間的關係分清楚了。中學爲本，西學爲用。本者，根本也，主體也。世間萬事萬物，什麽是本？人是本，人的身心是本，綱紀倫常是本。修身振綱，還得靠我們老祖宗的名教。用者，使用也，功用也，農桑工礦練兵造器，都是用。這些方面，我們又不得不承認洋人走在我們前面，我們要學習要拿來爲我所用。現在有些人糊塗了，分不清本末主次。你能分得清，這就了不起。待到空暇時，我也要專門寫一篇長文章，來說這個事。這是個大事，非得要人人都清楚不可！』

梁啓超說：『小子人微言輕，說的話别人不聽。大帥您如能親自出來說說，那就如驚雷颶風，震動朝野，所起的作用將大過千萬倍。如果您看得起《時務報》的話，您的大作就交給《時務報》吧。《時務報》能登大帥您的文章，真是榮光無限！」

「好哇！』張之洞高興地說，『到時我要找一個冷廟去住幾天，把一切事都摒除掉，目前還没有這

個時間。』

辜鴻銘說：『梁先生，我現在正在將《論語》譯成英文，你們《時務報》可以登嗎？』

梁啓超想了下說：『《時務報》的讀者是國內人士，你的英文《論語》可能沒有人看得懂。不過，我們可以專門爲你印一本書，向海外去發行。』

『那很好！』辜鴻銘說，『洋人開口閉口就是耶穌呀、柏拉圖呀、蘇格拉底呀，他們讀不懂中文，不知我們的老祖宗比他們要强得多，我先翻《論語》，接着翻《孟子》，翻《老子》、《莊子》，讓他們開開眼界，長點見識，再不要夜郎自大了。』

張之洞高興地說：『湯生，我十分贊成你的這個做法，讓洋人讀點聖人的書，讓他們也知道仁義道德。印書的錢歸衙門出，不要你自己掏荷包，譯得好的話，老夫還要發你潤筆費。』

辜鴻銘說：『謝謝香帥。不過你不懂英文，你怎麽知道我譯得好不好呢！』

辜鴻銘的話引起哄堂大笑，張之洞也捋起鬍子開心地笑了，說：『這個辜湯生，欺負老夫不懂英文，我不可以去問梁崧生，去問念礽嗎？』

在大家的笑聲中，梁鼎芬起身說：『我在大廚房裏訂了兩桌菜，香帥也賞臉，這就請卓如老弟和大家一道去喫飯吧！』

喫過晚飯後，梁啓超想起自己已在衙門呆了大半天，張之洞家裏偌大的喜事都放下來陪自己，深感張之洞的禮賢下士之誠意，於是起身告辭。張之洞忙壓住梁啓超的肩膀，說：『莫着急，再在這裏陪老夫聊聊天。』又對着衆人說，『你們都各人忙各人的去，老夫要和卓如好好談談。』

說罷，拉着梁啓超的手又走進會客室。梁啓超面對着張之洞的如此熱情，真有點受寵若驚之感。

夜晚的談話中，張之洞詳細詢問他們在京師的情況，哪些人與他們有往來，各人態度如何。從梁啓超的口中，張之洞得知皇上有倣法日本明治天皇維新變法的意圖，又得知康有爲爲了促成皇上此意，目前正在南海老家閉門謝客專心撰寫兩部大書：《俄彼得變政記》、《日本變政記》。翁同龢已答應待書成後，即呈遞皇上。

梁啓超滿臉興奮地告訴湖廣總督，有皇上的支持，有成千上萬有識人士的努力，中國維新變革的高潮即將到來，也一定會成功，要不了多久，一個和日本一樣迅速由貧弱轉爲富强的中國就會屹立在世界的東方。梁啓超沸騰的青春熱血，對維新事業的堅定信心和對國家百姓的高度責任感，深深地激動着張之洞那顆歷經滄桑却不衰老的心。他專注地聽着，這中間大根數度進來請他到西院去應付那邊的婚慶場面，都給拒絕了。

已到二更天了，張之洞想到梁啓超還要回客棧，便說：『聖人曰「苟日新，日日新」，吐故納新，除舊佈新，這是天地之常情，古今之常理，前人説五帝不沿禮，三王不襲樂，老夫一向是個維新變革派。衹要你們一不弄什麽孔子卒後紀年，二不篡改聖人經典，三不廢綱紀倫常，凡對國家蒼生有利的維新變法，老夫一律支持。』

梁啓超説：『大帥乃督撫之首，負天下時望，維新事業有人帥您的支持，一定會進展得更順利。』

張之洞誠懇地說：『你年紀輕輕，便如此博學有識，我身邊沒有你這樣的人。我想請你不要南下長沙，就留在武昌算了。我也不委屈你呆在衙門，兩湖書院可以因你而增設一個時務院，你去做院長，年薪一千二百兩銀子。你以爲如何？』

年薪高到這種地步，超過一個七品縣令一年的合法收入，爲海內書院的教習們所望塵莫及。這是

第十六章　中醫西用

梁啓超没有想到的事。他有點動摇了，便對張之洞説：『讓我考慮考慮。』

回到客棧，他認真地思考着制臺的建議。留在武昌雖好，但畢竟衹是張之洞的隨從，就如同梁鼎芬、辜鴻銘等人一樣，永遠衹是附庸，衹是工具，處處受人制約。到長沙去，和譚嗣同等人辦時務學堂，那却是一個嶄新的事業，一片嶄新的天地，可以發舒精神，鼓動輿論，爲整個維新大業培養人才，使時務學堂今後成爲全國維新變法的重要策源地，如同康師當年辦的萬木草堂那樣。想到這裏，梁啓超清醒地認識到，留在武昌做院長，好比鑽進一隻金絲織就的網籠，到長沙去辦時務學堂，却如飛向高遠的蒼穹。這兩者是絶對不能相比的。他不想當面拒絶這位熱情萬分的張制臺，便委委婉婉地寫了一封長信。他在武漢遊玩三天後，把這封信送到督署門房。次日清早，他坐上前往湖南的小火輪，離開武昌碼頭，開創他輝煌人生的又一段精彩歲月。

四　總署衙門東花廳，康有爲舌戰衆大臣

正當譚嗣同、梁啓超等人熱情似火地在長沙創辦時務學堂，將維新變革之風帶進三湘四水的時候，外患頻仍的貧弱中國又一次遭受洋人的欺凌。

光緒二十三年秋天，德國傳教士唆使教民欺壓山東曹州百姓，此事激起公憤。鉅野大刀會會衆爲伸張正義衝進教堂，混亂之際，兩名德國傳教士被打死。德國政府以此爲藉口，派兵强佔膠州灣。朝廷迫於德國的壓力，逮捕大刀會會衆多人，又處死二人，向德國政府賠罪。山東巡撫李秉衡亦因此革職。德國政府强迫清廷簽訂不平等條約。條約規定，德國租借膠州灣爲軍港，租期九十九年。德國有權在山東修築兩條鐵路，並可在鐵路兩旁三十里内開採礦石。

俄國見德國輕易得了這多好處，很是眼紅，便以利益均等爲由派軍艦佔領旅順、大連灣，又迫使清廷與它簽訂租借旅順、大連的條約，並在中東鐵路上建支路一條，直通旅、大。很快，法國便步德、俄後塵，强租廣州灣爲軍港，又要求修築越南至昆明的鐵路，並提出中國郵政總管由法國人充當。緊接着英國租威海衛爲軍港，租期二十五年；又强租九龍半島、香港附近島嶼及大鵬灣、深圳灣，租期九十九年。

更令人氣憤的是，這些國家還在中國互認勢力範圍：長城以北屬俄，長江流域屬英，山東屬德，雲南兩廣一部分屬法，一部分屬英，福建屬日。

一個好端端的完整的神州大地，竟然東一塊、西一塊地被人强迫分割租借，一個享有主權的獨立大國，竟任憑外人在自己的領土上劃分勢力範圍，佔山爲王。五千年的中華歷史，何曾有過這樣的局面！數萬萬炎黄子孫，何曾受過這等恥辱！地被瓜分，國將不國，面對着空前的危機，康有爲再也不能在家鄉呆下去了，他第四次赴北京，要給光緒皇帝上第五道書。

在這道摺子中，康有爲先分析國家所面臨的嚴重局面，然後提出三個具體建議：一，倣法日本等國以定國是；二，大集群才以謀變政；三，聽任疆臣各自變法。又明確提出國事付諸國會並請頒行憲法。摺子的末尾，康有爲以前所未有的語氣寫道：若再不變法圖强，『恐自爾之後，皇上與諸臣，雖欲苟安旦夕歌舞湖山而不可保矣，且恐皇上與諸臣，求爲長安布衣而不可保矣』。這道摺子在呈遞過程中因爲辭氣太亢直，被工部尚書淞溎中途攔截了。

滿腔救國讜言却不能上達天聽，康有爲心中鬱悶。時正隆冬，北京城冰天雪地，寒徹骨髓，南國長大的康有爲不但身冷，更覺心冷。他不明白，這些享受朝廷高官厚禄的大臣們，爲何不替朝廷着

想，偌大的京師聚集了來自全國的英才，爲何就沒有幾個知音？酷寒的氣候，加上悲涼的心境，康有爲決定轉回廣東，待初夏時分，再到京城來尋覓機會。他於是定好騾車，定下日期，儘早離京。不料，就在他離京的前一天，事情突然起了變化。

這天上午九時多，怕冷的康有爲在被窩裏磨蹭了好長一會，纔慢慢地起身穿衣。正在疊被子的時候，南海會館的門房老頭走了進來：『康老爺，門外有位老爺要見您。』

康有爲問：『是誰，你見過沒有？』

『沒見過，不認識。』

康有爲想起過會兒還要去大柵欄買點東西帶回家，此人來得不是時候，不想見，便對門房說：

『你就說我已出門了，有事留話給你好了。』

『康老爺，』門房小聲說，『這個人是個白頭髮老頭子，天氣這樣冷還來看你，你不見他怕不大好。』

門房說得有理，康有爲把被子匆匆疊好，便隨着門房走出南海會館。衹見門外停着一頂二人擡的青布小轎，從轎中走出一個圓圓胖胖、白髮白鬚衣着華貴的老人來。老人打着哈哈笑道：『你就是康祖詒吧，害得我好找啊！』

面前的這個老頭子氣宇軒昂，一表非俗，或許不是一般的人。想到這裏，康有爲謙恭地說：『天氣如此寒冷，您來會館看我，真正不敢當。』

『帶我到你的房間裏去看看吧。』老頭子不待康有爲請，便自己跨過會館大門，向裏面走去。

康有爲頗覺爲難。他住的房間除開一床一桌一凳外，什麼都沒有，不但無取暖的火爐，因爲起來

得晚，還沒來得及去後院厨房裏打水，連泡盃茶的開水都沒有，但見老頭子自個兒往前走，他衹得硬着頭皮跟着。來到房間，他不好意思地說：『這裏一無所有，實在不便接待您，請坐吧！』

老頭子沒有坐，四面掃了一眼說：『你一個名滿天下的工部主事就住在這個地方，也真是難得。』

康有爲說：『我雖是工部主事，但還從未到衙門裏當過差，沒有薪水，便衹好住會館了。』

『聽說你要離開京師回廣東去？』

『是的，已定好了騾車，明天一早就走。』

『你來京師的時間還不久，爲何急着回家？』

『我給皇上的摺子淞溎尚書半途攔截了，我很失望。再加上天氣又冷，京師呆不下去了，衹得回廣東去。』

老頭子哈哈笑道：『一個淞溎就把你的銳氣打了，北京城裏除開淞溎就沒有別的人了嗎？你公車上書的膽魄到哪裏去了！』

康有爲被老頭子的氣概懾住了，好長一刻纔囁嚅道：『京師達官貴人雖多，却沒有幾個爲朝廷國家着想的，我真有點沮喪了！』

『哪裏的話！』老頭子威嚴地說，『你認識幾個達官貴人，就敢於這樣以偏概全！聽老夫的話，不要走了，在京師住下來，老夫明天叫人給你送來百兩銀子和兩百斤木炭。至於摺子嘛，你放心，老夫會來過問的。』

聽這口氣，是個大人物的模樣。此人究竟是誰，康有爲又將老頭子細看了一眼後問：『請問老人家尊姓大名？』

老頭子一字一頓地答：『老夫乃翁同龢。』

『噢！』

康有爲驚呆了。此人便是兩朝帝師狀元宰相、聲動九州權傾天下的翁中堂！三九嚴寒天裏，他坐着青布小轎來南海會館看我——一個剛剛踏上仕途的六品小主事。這是一種怎樣的禮遇？這將會預示着一種怎樣的前途？康有爲不覺頭暈了起來，下意識地跪下，連連說：『卑職有眼不識泰山，剛纔多多冒犯，還請中堂大人海量包容。』

翁同龢忙雙手扶起康有爲，誠懇地說：『足下乃當今國士，老夫心儀已久。實話對你說吧，皇上也惦記着你，你要爲國珍重，放開胸襟，不要爲一時受阻而氣沮。這裏實在太冷，老夫不能久待。你安心住下，静候好音。』

説罷，昂首走出會館，登上布轎回去了。康有爲倚在大門邊，久久地回不過神來，祇覺渾身熱血沸騰，四周的冰雪朔風仿佛都已不再存在了。

翁同龢自己不便出面，便叫都察院給事中高燮上疏。高燮激於義憤，抗疏推薦，並請皇上親自會見康有爲。

二十八歲的光緒皇帝，雖然體質孱弱，但畢竟有一腔青春熱血，眼看着祖宗傳下來的江山被外人糟踏成這個樣子，心裏也過意不去，總希望自己所治下的是一個强盛的國家。再加上他親政已近十年，却仍然處處受左右的掣肘，自己沒有獨立處置國家大計的權力，也極想通過變法維新這條路來改變這種窩囊處境，做一個名副其實的九五之尊。光緒帝的這個願望日益强烈，除開他本人的覺悟之外，還得力於珍妃的慫恿推動。

第十六章 中體西用

珍妃的娘家是一個較爲開明的滿洲官員家庭。她的伯父長善做過廣州將軍，因而全家都能得風氣之先。她家裏請的塾師文廷式也是一個有志變革現實的名士。因爲珍妃的原因，光緒十六年便高中榜眼。文廷式感激皇家的特殊眷顧，常利用機會向珍妃並通過珍妃向皇帝轉述非變法無法改變現狀的道理。在珍妃的不斷勸諫下，光緒維新之心更加堅定。

他早就想見見康有爲了。康有爲摺子中那句『求爲長安布衣而不可得』的話，這些天來更是强烈地震撼着他。他决不願意也非常害怕做亡國之君，遂命令軍機處儘快安排一個時間，召見康有爲。

但光緒帝的這個决定，却遭到了他的伯父軍機處領班大臣恭王的反對。

從甲午年復出以來，三年多的歲月裏，被朝野寄與重望的恭王，其表現令天下大爲失望。

他除開在軍機處換了一些人員、設立了空有其名的軍務督辦處外，幾乎什麼事都没辦。這其中的一個原因是他的多病。他今年六十六歲，按着中國古代的壽命説，他纔過下壽，但在他的兄弟輩中，他可是碩果僅存的長壽老人了。他深深眷戀着這錦衣玉食位極人臣的皇伯地位，又深知家族享壽不長的嚴酷事實，保養身體，以求長命，便成了他晚年最重要的準則。剛剛復出的時候，他還有幾分熱情和抱負，在連連遭受挫折之後，明智的他，已看出國勢難以逆轉，他的有生之年已是不可能再有任何作爲了。不久，他突然中風而跌倒在地，於是他便以養病爲由，不再過問軍機處的日常事務。軍機處的常務，則由翁同龢來處置。雖然恭王依舊掛了個軍機處王大臣的名義，這兩年的實際領班已經是翁同龢了。遇到大事，翁同龢帶着幾個軍機大臣上恭王府去請示。恭王一般也不干預，聽任翁同龢等人去作决定。

恭王雖因老邁衰弱而對國事採取消極態度，但他幾十年來所形成的治國理念却是明晰而頑固的。

作爲一個天潢貴胄，恭王堅持祖宗之法不能變，堅持滿人自入關以來便接受的綱常名教不能變。作爲一個開明的軍機處領班兼總署大臣，恭王也主張學習西方的製造之術，師夷之長技以求中國的徐圖自强。爲此，他最早贊同曾國藩提出的向外夷學習造砲製船的想法，拉開了中國近代洋務運動的序幕，後來他也很支持左宗棠、沈葆楨、李鴻章等人辦洋務局廠。恭王不欣賞康有爲。他認爲康有爲的許多言論出格了，背離了祖宗成訓，有可能把國家引入歧途。聽説皇上要親自召見康有爲，恭王急了。他不顧重病在身，吩咐備轎，他要面見侄兒皇帝。

恭王已經好久没有進紫禁城了。兩個月前的太后萬壽之喜，恭王也因病不能前來，衹由福晉代他向太后行禮祝壽。今天是件什麽重要的事要親自進宫面見呢？光緒正在這般思索時，老皇伯已經由兩個太監扶着走進了仁壽殿。光緒趕緊從暖炕上起身，來到棉簾邊迎接。太監掀開棉簾，恭王見侄兒已站在簾邊迎候，正要行大禮，光緒上前攙扶着恭王，説：『王爺免禮，請坐。』

待恭王在炕桌的另一邊坐下後，望着因久病而蒼白瘦削的老伯父，光緒動情地説：『王爺貴體欠安，有什麽事，叫人轉告給侄兒就是了，何勞您親自進宫。』

恭王喘息了好長一會，纔用嘶啞的嗓音説：『這件事非我當面對皇上説不可。聽説皇上準備召見康有爲，有這事嗎？』

光緒點頭説：『有這事。』

恭王聲音不大却語氣堅定地説：『皇上不宜召見康有爲。』

『爲什麽？』光緒心裏想，就爲這件事，竟然帶着重病進宫面見我，有必要嗎？

『皇上，』恭王擡起微微發顫的右手，在炕桌上空擺動兩下，『那個康有爲，依老臣看來，他的言

論，一半是書生空話，一半是奇談怪論，都不可採用。』

光緒説：『侄兒讀過他的幾道摺子。他的用心是好的，憂國憂民，真心爲朝廷着想。』

恭王摇了摇頭説：『不，康有爲是個躁進之徒。他爲了要改變大清的法規，竟然篡改聖人的學説，説孔夫子是個主張改制者。此人如此不老實，切不可信任。』

見伯父這樣指責康有爲，光緒有點不悦，説：『康有爲很尊崇孔夫子，至於他説孔子改制，也可看做一家之説，不能憑這點就説他不老實吧！』

『皇上，』恭王見光緒不採納他的意見，有點急了，便擺出一副長輩的架勢來説，『太祖太宗傳下來的家法，皇帝不接見四品以下的官員。這個規矩，想必翁同龢應當對皇上説過。這次又是他來要皇上違背這個家法，我得去訓斥訓斥他！』

恭王的態度突然變得强硬起來，光緒不得不認真考慮了。祖宗傳下的這個家法，光緒知道，但情况特殊，不妨權變。恭王把翁同龢拉出來教訓，當然是因爲不便明責皇上之故。光緒早已隱約聽説，恭王對翁同龢多有不滿，他不願讓師傅替他承當這個責任，加之他的性格本來脆弱，於是讓步：『既然如此，侄兒就不召見他了，但康有爲確有一套治國方略，侄兒很想讓他對朝廷説出來。』

見侄兒接受了自己的意見，恭王心裏欣慰，不便再拂他的心意，他畢竟是皇上嘛。『皇上想讓康有爲對朝廷説出他的想法，這個容易，可以吩咐幾個大臣代表朝廷召見他就行了。這對於康有爲來説，也算是曠代殊榮了。』

光緒想想這個方法也不錯。康有爲衹是一個六品主事，我這樣待他，也真是聖恩隆厚了，便主動向伯父徵詢：『王爺看由哪些人出面好？』

恭王想，這人選是大事，不可隨便開列。他知道太后雖退養，但實際上仍在當家，這幾個大臣中一定得有太后信得過的人。協辦大學士、兵部尚書榮禄是太后最爲親信的人。還有人背地裏説，早在二十多年前，太后便看上了他，是慈安太后怕出事，纔將榮禄調到西安，一去十多年。前幾年回到北京後，一路扶摇直上，全是因爲太后偏愛的緣故。榮禄要參與！恭王爲太后想好了代理人後，便想起了自己多年的志投意合者，剛從歐美回國，衹掛了大學士空銜的李鴻章來，他可以作爲自己的代表出席。遂説：『老臣衹提兩個人，一是李鴻章，一是榮禄，其他的人由皇上定。』

説罷，告辭出宫。

光緒二十四年正月初三日，京師上下正沈浸在過大年的熱鬧喜慶中，但在總理各國事務衙門東花廳裏，則完全是另一種氣氛。左邊一排裝飾華貴的太師椅上，依次坐着李鴻章、翁同龢、榮禄及刑部尚書軍機大臣廖恒壽、户部侍郎軍機大臣張蔭恒。他們作爲朝廷的代表，一個個蟒袍玉帶翎頂輝煌，除張蔭恒略爲年輕點外，其他的都是已届花甲的老人，至於李鴻章，已高齡七十五歲了。

右邊的一張普通木椅上，坐的正是康有爲。身穿六品官服、略爲發福的四十歲的康有爲，面對着這樣的大場面，心裏頗有幾分緊張。五個朝廷元老重臣集體召見一個小小的主事，熟知本朝掌故的他知道，這在先前是從來没有過的事，這無疑是翁同龢奏請皇上後的安排。他向對面的翁同龢投去感激的目光，但翁同龢似乎並没有特別關注他，正歪着頭與一旁的榮禄在悄悄説話。康有爲雖有着一絲悵意，但很快也便過去了。他知道自己與翁的地位相差太懸殊了，翁是不可能當衆示他以格外熱情的。能有這樣出格的場面，已經是驚駭世俗了，康有爲深知今日這個會見的重要性。維新變法的主張能不能被朝廷採納，自己今後能不能得到重用，全在於今日能不能成功。二十年來的苦苦追求、勞累奔

波，不就是巴望着能有今天的到來嗎？『説大人則藐之』。康有爲又想起亞聖的這句名言來，李鴻章也罷，翁同龢、榮禄也罷，他們的官位雖高，年齒雖長，但學問未見得比我好，至於維新變法這一套，他們肯定不如我。今天談的正是我所長彼所短的事，有什麽可以畏懼的！素來膽大自信以南海聖人自居的康有爲想到這裏，剛落座時的緊張心緒消除了多半。他竭力做出一副泰然自若的神態來，竭力將對面的大員當作衰朽糞土看待，而將自己視爲沈舟側畔的飛舸、病樹前頭的春枝。

待僕役在各位大員面前擺上香茶後，翁同龢作爲召見的主持者開了口：『奉皇上聖諭，今天李中堂、榮中堂、廖部堂、張部堂和鄙人在此，代表朝廷召見工部主事康有爲。鑒於國家面臨的内外困難，康有爲提出維新變法的主張。從乙未以來，他連續給皇上上書過五次，奏的全是維新變法的事。這是一件很大的事情，决不能輕率隨意。皇上希望朝廷重視這件事，現在特意將康有爲召到這裏，各位大人有什麽問題，儘可當面詢問康有爲。』

翁同龢的開場白剛説完，榮禄便搶先發難：『康有爲，你知不知大清法規乃太祖太宗傳下來的？祖宗之法不能變，變祖宗之法，將有損祖宗之尊，朝廷是不能接受的。』

説罷，以一種居高臨下的不屑眼神將康有爲狠狠地盯了一眼。康有爲早就注意到，今天的五位大員，滿人僅衹榮禄一人。二百多年的大清天下就是滿人的天下，滿人享受着數不清的特權。變革，説到底便是對既得利益者的侵奪，也就是説對滿人利益的侵奪，因此變革的最大障礙便是掌握各級權力的滿人，反對最力者也必然會是滿人。今天的這種漢四滿一的安排，顯然體現了皇上希望召見順利的用心，康有爲因此很是感激。至於這惟一的滿人代表榮禄，康有爲早知是個强硬剛愎偏見甚深的頑固者，極不易對付。他的迫不及待的責問，暴露了他明明白白的反對者立場，必須將他的氣焰壓下去！

康有爲定了定神，不慌不忙地答道：『榮中堂説得對，祖宗之法爲祖宗所定，但祖宗當年制定這些法規制度，原是爲了治理祖宗之地的。現在祖宗之地割的割，佔的佔，租的租，且這種趨勢有增無減。請問榮中堂，祖宗之地都不能守了，還談什麼祖宗之法？』

見榮禄一時語塞，康有爲抓住這個機會，乘勝再度出擊：『自古以來，没有一成不變的常法常規。聖人説得好，窮則變，變則通，一條路已走到窮途了，還要一個勁地走下去，結果衹能是頭破血流，甚至是粉身碎骨，惟一可行的衹能是改變方向，另尋出路，則可望暢通無阻。況且祖宗在制定法規的時候，也不可能料及身後的事情，因而也不可能面面俱到，事事周密。賢肖子孫根據新出現的情況，制定出新法新規，以確保祖宗之基業完好無損，這正好是維護祖宗之尊，而不是有損祖宗之尊。好比説我們現在所處的總理衙門，當年祖宗在日便没有料及到此，祖宗制定的法規裏也没有它的條文。文宗爺英明，設置了這個衙門，使我們能更好地對付洋人。這到底是好呢，還是不好呢？是有損祖宗呢，還是維護祖宗呢？』

康有爲舉的這個例子真是再恰當不過了，而他所提出的這個反問也辛辣到頂了：榮禄若説否，則是反對太后的丈夫咸豐皇帝；若説是，則又打了自己的嘴巴。榮禄被逼到死衚衕，無路可走，恨得牙齒格格地交錯，直欲把眼前這個位卑人微的廣東佬食肉寢皮，却開不得口。

翁同龢心裏很讚賞康有爲的機敏與辯才，但擔心他這種咄咄逼人的氣勢和凌厲峻刻的語言，會使得榮禄老羞成怒，那樣則於事更不利，遂做出一副呵斥的神態來：『康有爲不可無禮，榮中堂乃三朝老臣。當年文宗爺設置總署時，榮中堂正做着一等侍衛，極力稱讚文宗爺英明遠見。你怎能如此責問榮中堂？康有爲聽着，你衹能好好回答各位大人的提問，不可放肆亂説！』

所謂榮禄稱讚咸豐英明遠見云云，根本没有這回事，全是翁同龢的當面恭維，免得榮禄難堪。榮禄果然接過翁同龢的話，冷笑一聲説：『當年設總署時，你康有爲怕還没出世。在老夫面前提這樁事，你不臉紅嗎？』

康有爲知道翁同龢保護他的好意，見榮禄在爲自己尋找下臺階，便也給他面子：『我衹是就眼前所見的隨口舉個例子而已，不想冒犯了榮中堂，還請榮中堂多多包涵。』

榮禄餘怒雖未消，但一時找不出難題來，不做聲了。廖恒壽問：『康有爲，你口口聲聲變法變法的，老夫問你，變法當從何處着手？』

在新與舊、變與守的衝撞中，廖恒壽實際上是一個折中騎墻派。他既不像榮禄那樣頑固保守，也不像翁同龢那樣力主變革。舊的那一套讓他一輩子平平順順官運亨通，他對之有深厚的感情，何況他已六十好幾的人，真若維新的話，他自思也不可能有什麼作爲，故而他趨向守舊。但廖恒壽又是一個關心國家命運的人，内憂外患，國勢頽替，也的確讓他心焦。他也常常想到，要走出困境，大概衹能尋找新途徑，洋人如此强大，是有許多可學之處，學人之長補自己之短，這也是昔賢的諄諄教導。從這個角度來看，廖恒壽也不反對變法。但他自己對此素無研究，頗想從康有爲這裏得點知識。

廖恒壽的話正問到康有爲的心窩裏了，這些年他苦心鑽研於斯，幾次上書也放言於斯，今天正好藉此機會，給這些老朽上一堂變法的啓蒙課，讓他們開開心竅。康有爲輕輕地乾咳一聲，拿出在萬木草堂講課時的架勢來，不疾不緩地説：『以有爲之見，變法當從法律規度入手。我大清法制大致沿襲明朝，至今已實行兩百餘年。一樣器具用久了則有損壞，一種法制實施久了則有積弊，被損壞的器具必須更新，有積弊的法制也必須更新，這本是常識所能明了的事。』

康有爲說到這裏，又順便望了一下榮祿。這原是他性格的本能流露，他自己並沒有覺察到，倒讓翁同龢心裏不太舒服：康有爲如此不容物，以刺人爲樂，怕難成大事。榮祿則瞪着眼回應康有爲，心中又增加一分怨恨。

『大清變法的重點，當在富國、養民和教民三個方面。』康有爲胸有成竹地繼續說下去，『關於富國方面，有六大措施：一爲設立國家銀行，二爲大修鐵路，三爲大辦製造業，四爲大力採礦煉礦，五爲在名省設銅元局，六爲在全國建立郵政系統。關於養民，重在四個方面：一爲務農，二爲勸工，三爲重商，四爲恤貧。至於教民，則需要在全國大辦新式學校，教授中國歷史和西方的天文、光電、數學、化學，並廣設圖書館，辦報館，辦出版公司。還有一個最重要的變法項目，便是仿照西方設立議院，使上下情通，民間疾苦能上聞，朝廷美意能下達，事事皆本於衆議，故權奸無所容其私，中飽者無所容其弊。』

康有爲正說得起勁，不料這幾句話惹怒了對面坐着的一位大人物，此人便是李鴻章。

李鴻章並不是榮祿式的頑固派，實在地說，他是鴉片戰爭以來，最早提出變革並付諸實踐的一位大員。作爲一個肩負朝廷重任，並與外人打交道最多的四朝元老，李鴻章對於『變』的重要性的認識一點也不亞於康有爲，甚至還有過之，但李鴻章的出身教養和經歷，使他更重在變事而不在變法。這是他與康有爲的最大分歧。此外，李鴻章在私人情感上與康有爲也有很大的牴觸。乙未年，康有爲領導的公車上書，矛頭就是針對他而來的，口口聲聲罵他是漢奸、權奸、誤國罪魁，還說他在與日本談判中接受了賄賂，後來强學會又拒絕他入會。李對康一直耿耿於懷，剛才康有爲說的『權奸』『中飽』之類的話，李鴻章認爲這都在暗指自己，遂再也不能忍受，打斷康有爲的話：『康有爲，照你的說法，朝廷六部都要盡撤，規章制度都可以不要了嗎？』

康有爲看了看坐在首位的這個文華殿大學士，發現他碩大的傘形紅纓官帽上插着一根長長的三眼花翎。這是李鴻章一生的驕傲之處，也是他與別的漢員的最大區別之處。原來，清廷的三眼花翎，衹授貝子貝勒以上的滿洲貴族，漢人不能享此待遇，所以哪怕就是從太平軍手中爲皇帝奪回江山的曾國藩，也衹能授雙眼花翎。有清一代，漢人授三眼花翎的衹有一個李鴻章。那是在甲午年海戰前，慈禧太后因着自己的六旬大壽大賞群臣，破例給了李鴻章這個殊榮。誰知，不久便海戰爆發，北洋水師一敗涂地，在全國一片指責聲中，慈禧又摘掉了李鴻章頭上的這個與衆不同的標記。接下來是朝廷以戰敗國的身份派人去日本馬關談判，日方指定要李鴻章去。李鴻章便藉此機會向朝廷索價。他說他現在身份低微，不足以代表朝廷，不能去。慈禧害怕日本，又擔心談判不成，衹得還就李鴻章，賞還他的三眼花翎。這個得而復失、失而又得的極富戲劇性的三眼花翎的故事，非常典型地凸現了晚清高層政治的滑稽可笑。

康有爲自然是知道這個掌故的。他望着那根李鴻章視爲身家性命的三眼花翎，嘴角邊浮起一絲嘲笑：『李中堂此話說得過頭了。變法改制，不是說將六部盡行撤掉，也不是要將所有規章制度都要廢除，而是要細加斟酌，撤去那些雖有名目却沒有實事可幹的舊衙門，增添那些非設不可的新衙門，廢除那些不合時宜的舊章程，設立那些順應時宜的新法規，這纔是維新變法的正途。不過，我也要提醒李中堂注意，今天是群强併列的時代，不再是過去的一統之世。現在的法律官制，都是過去的舊法，造成我大清危亡的，往往都是這些舊法，理應廢除，無須過多留戀，即使一時不能盡廢，也應視情形緩急加以改變，新政纔能推行。』

真正是本性難改。康有爲的辭氣又開始鋒芒畢露起來，翁同龢暗自着急。他擔心激起衝突，把好事辦砸，便趕緊轉移話題。他做過多年的户部尚書，深知帑藏空虛，幾乎不敢有所興作。銀錢短缺，是他最頭痛的事，便問：『康有爲，老夫問你，行新政要練軍修鐵路、開礦辦局廠，事事都需巨款，錢從何來？』

『翁中堂，這事好辦。』康有爲對此早已熟思良久，故應聲答道，『各國變法行新政都無一例外會面臨這個問題，但他們都很好地解決了。日本的辦法是設立銀行，發紙幣，法國是實行印花稅，印度是實行徵收田稅，這些都是行之有效的辦法，中國都可以參考實行。比如中國的田畝稅，就大有文章可做。就卑職所知，鄉村地主和農人逃稅、隱稅、瞞稅、漏稅的手段就多得很，若朝廷實行鐵腕杜絕這項漏洞，每年可以增加十倍的田稅收入。』

一直未發言的張蔭恒笑了笑説：『十倍這個數目有何依據？是你想當然吧！』

户部侍郎張蔭恒也是廣東人。他雖然不是兩榜出身，却以過人的精明和才幹得以官運亨通，是一個辦實事的幹員。他是支持變革的，是翁同龢引爲助手的同志。康有爲知道這位同鄉對變法的態度，明白這句話出自他的口，與出自於榮禄的口就絶對不是一回事，於是不好意思地笑了下説：『十倍這個數目，我的確没有確鑿依據，但會有成倍的增加，這是可以保證的。我手裏有日本的資料。日本通過丈量土地，實行嚴格徵收制度後，田稅在三年之中翻了四五倍。以中國之大及中國舊法之弊，此中問題更多，十倍之增也或許不是想當然。』

張蔭恒見他繞個圈子又回到原先的説法上來了，便看出此人是個很執拗的人，遂淺淺一笑説：『我也不和你爭這個數字了，你繼續説下去吧！』

康有爲接着説：『日本與中國同文同種，一水相隔，明治維新之前與中國相差無幾，一旦實行新政之後，不過二十多年便强大到與西方列强抗衡。我以爲日本强國之路最值得我們借鑒，也最容易被借鑒。爲此，我用了三四年的工夫編了一本《日本變政記》的書，另有一本《俄彼得變政記》，記的是俄皇彼得大帝變舊政爲新政的事。我今天帶了幾本來，送給各位大人參閲。並請翁中堂多帶一册呈給皇上，請皇上萬幾之暇瀏覽瀏覽。』

説罷，便要打開隨身帶來的布包，翁同龢見狀忙説：『書不必送了，你今天説的這些，各位大人都聽到了，他們會向皇上稟奏的。』

説罷，又轉臉問：『李中堂、榮中堂、廖張兩位部堂，還有什麽要問的嗎？』

見他們都不開口，便説：『今天召見就到此爲止吧！』

康有爲祇得重新拾起布包，頗有悵意地離開總署。剛回到南海會館一會兒，便見翁府的僕人進來，對他説：『不要你當場贈書，是怕李、榮兩中堂拒絶接受，令你難堪。』

康有爲恍然大悟：是的，李、榮二人那種態度，怎麽可能接受自己的贈書呢？一旦拒收，反討没趣。自己辦事，往往是一厢情願，全不顧別人，這次又犯了這個毛病。遂對來人説：『請轉告翁中堂，康某深謝他一片愛護之心。』

來人又説：『翁中堂要大著各兩册，一份自己讀，一份呈送皇上。』

康有爲忙打開布包，取出《日本變政記》《俄彼得變政記》各兩册來，恭恭敬敬地送給翁府來人。

送別來人後，心裏琢磨：李、榮可能拒收，不讓我送是對的，但翁同龢要書爲何不當面索取，而是事後派人來拿呢？難道給皇上送書也要不讓他們知道嗎？是翁同龢過於膽小謹慎，還是皇上的力量

薄弱，不敵榮禄及其靠山太后？

想到這裏，康有爲不禁爲維新變法的前途深自擔憂起來。

五　大變局前夕，鹿傳霖傳授十六字爲官真訣：啓沃君心，恪守臣節，力行新政，不背舊章

光緒帝一連幾天廢寢忘食手不釋卷地閱讀由翁同龢呈上的《日本變政記》和《俄彼得變政記》兩部書，青年皇帝深爲明治天皇和彼得大帝的勵精圖治所感動，恨不得一天之内就把大清治理得如同日本、俄國一樣强大。近日來他的情緒一直在亢奮中。這天他午睡起來後，澎湃的心潮依然不能平静，恰好翁同龢進來。他激動地問：『翁師傅，您説國家大事，此刻當以何爲先？』

翁同龢一眼看見書案上放着康有爲的一大堆上書和由他帶來的兩本書，再看皇上的神情，便知道皇上已被康有爲的文章完全打動。是時候了，翁同龢心裏想着，遂以堅定的口氣答道：『以變法爲先。』

光緒很興奮，又問：『翁師傅，您説咱們大清變法後會很快和日本、俄國一樣强大嗎？』

望着皇上一向蒼白無神的臉龐上泛起了滿面紅光，翁同龢欣喜地笑了。

翁同龢無兒無女，大半生的心血都在光緒皇帝身上。光緒聰穎好學，是個明君的料子，但性格脆弱，且身子骨又單薄，翁同龢時常擔心他能不能挑得起這副重擔。偏偏太后又太强悍攬權，使得皇上事事不敢自主。翁同龢替皇上着急，也爲自己嘆息：儻若皇上是個强硬的人，自己身爲師傅又是軍機大臣協辦大學士，該是多麽威風凛凛、權傾朝野，然則因爲皇上的軟弱，害得自己也有名無實。惟一能改變這種處境的便是維新變法。若變法成功，國家有了起色，皇上的權力加强了，他翁同龢的權勢也便隨之加强。想到這裏，翁同龢也興奮而激動地説：『皇上，一定會的。祇要我們變法成功了，我們大清就一定會和日本、俄國一樣的强盛起來。皇上也就是中國的明治天皇、彼得大帝。』

『翁師傅！』皇上被這幾句話説得血脈賁張起來，他一時忘記了自己已是執政十年的帝王了，仍像童年時一樣摟着翁同龢的腰説，『那咱們就立即變法吧！翁師傅你去和康有爲他們商量商量，趕快擬幾道摺子發下去，就説咱們大清要變法了，所有臣工天下百姓都要擁護變法，大家同心合力，把咱們大清國建設得强大起來，爲祖宗争氣，爲國家争光。』

翁同龢被光緒的這種赤誠之心和親昵之舉所感動，兩眼閃動着淚花，聲音顫顫地説：『老臣這就去擬旨，把皇上的聖明仁德昭告天下！』

翁同龢派僕人將皇上準備實行變法的大好消息告訴康有爲，要康有爲趕緊將應次第推行的新政一一草擬出來，隨時送到他的府上。他本人與贊同變法的張蔭恒，和通過與康談話後改變游移態度亦主變法的廖恒壽，以及集聚在身旁的一批較爲激進的官員們，積極磋商變法大計。康有爲和他的一班在京弟子們更是熱血沸騰，熱情萬丈，夜以繼日地將多年來成熟於胸的治國綱領書寫出來，每天都向翁府投遞。又擬出一份『統籌全局』的大摺子，請翁同龢呈遞皇上，籲請皇上早日在天壇或太廟或乾清門召集群臣，宣佈維新，詔定國是。同時在午門設立上書所，准許臣工百姓隨時上書。又在内廷設立制度局，並下設法律、税計、郵政、造幣等十二局。

朝廷的這個大舉措很快便爲京師官場士林所知曉，並隨即傳播到各大都市、各省省垣，一時間群情激昂，躍躍欲試，但也有不少人面對着這個局勢，或彷徨迷惘，或焦慮擔憂，或痛恨反對。

鑒於學會在團結同志上的重要作用及强學會早已被解散的現實，康有爲與他的學生們在南海會館成立了粵學會，藉此聚會廣東籍有志維新的官員和士人。在粵學會的影響下，一個個學會在京師相繼成立，其中最重要的有福建青年才俊林旭爲首的閩學會，還有楊深秀爲首發起的關學會。楊深秀此時已官居御史，以熱心國事關心民瘼而在山陝一帶的官員中享有很高的聲望，又因主張變法而得到翁同龢的賞識，近年來在京師官場上十分活躍。受楊深秀的影響，楊銳也比以往更積極投入維新事業。他在成都會館裏發起成立了蜀學會，把一批同具熱血的川籍人士聚集起來。這批年輕的維新派官員有一個亦師亦友的長者夥伴，他就是侍讀學士徐致靖。徐老先生雖年近古稀，却仍有一顆年輕人的心，深知中國非變法無出路，遂大力支持維新事業。他的兩個翰林兒子仁鑄、仁鏡也與父親同道。

正當翁同龢、康有爲等人醞釀籌備維新大業的時候，恭王府裏傳出消息：王爺病危，命在旦夕之間。

在頤和園裏頤養天年的慈禧得知這個消息後，心情頓時沈重起來。她與這位六叔共事已近四十年了。

當年若不是恭王堅定地站在她這邊，以慈禧之力，如何能敵得過肅順等顧命大臣？若没有熱河的勝利，她一個處於西宫的女人，如何能垂簾聽政號令天下數十年？當然慈禧也清楚，儻若肅順等人掌了大權，恭王的日子也會過得不舒心暢意。熱河的成功，得利者並非她一人，恭王也是獲取大利者之一。所以慈禧在後來的歲月裏，對待恭王是既重用又限制，既倚爲心腹，又不忘戒備。

恭王於是便幾起幾落，一人之下萬人之上的地位處得也不是平順的。令慈禧欣慰的是，近四十年過來了，叔嫂二人雖時有芥蒂，但總的來説，小叔還是服從嫂子的。在立載湉爲繼，和罷軍機領班大

第十六章　中體西用

臣這兩樁大事上，恭王也没有公開表示不滿，這都令慈禧寬慰。在對待變法這件事上，恭王所持的態度又與慈禧十分接近。這也令慈禧感到恭王有古之賢相之風：心有定見，穩重端凝。在慈禧看來，少不更事、輕浮急躁的皇帝正需要這種股肱大臣替他把舵定向，高瞻遠矚，不料，他竟然一病而不起！王府長史稟奏：王爺有重要話要當面對太后説，希望太后能在他臨終前見一面。

即便無重要遺言，念及文宗手足和四十年風雨同舟的情誼，慈禧也會親去王府與恭王訣别，何況恭王請她前去！慈禧匆匆登車，先回到宫裏，然後帶上光緒，同奔位於前海西街附近的恭王府。光緒的心情也很沈重，畢竟是父親的親兄弟，血濃於水，到了這個份上，他能不傷心嗎？

來到恭王府，衹見往日車水馬龍熱熱鬧鬧的王府大門口鴉雀無聲，瀰漫着一股濃厚的沈凝窒息的氣氛。得知太后和皇上同時親臨，恭王僅存的次子過繼給鍾郡王的載瀅率領子侄們早早在門外迎接，進了大門，恭王福晉又率領衆姬妾和女眷們在中庭院子裏迎接着，然後由載瀅和福晉陪同來到恭王的卧室。

太后和皇上來之前，太醫剛給恭王喝了一碗高麗蔘湯。此刻他極力掙扎着，要起身行禮，被光緒輕輕地壓住了，衹得説了一句：『老臣在床上恭請太后、皇上聖安！』聲音凄愴而細微，説罷，眼眶裏滾出幾滴老淚來，順着枯瘦無光的面頰緩緩流下。

三四個月不見，伯父便這等模樣了，心地軟善的光緒眼圈發熱，雙手握着他骨瘦如柴的手，哽咽道：『王爺好好將息療理，病會好起來的。』

恭王臉上露出一絲苦笑。

慈禧見這情景，知道恭王已到油盡燈滅的時候了，隨時都有可能過去，必須抓緊時間，請他説話，

便對光緒說：『皇帝，你和福晉、載瀅都到外屋稍坐一下，我要和王爺說幾句話。』

載瀅請皇上和母親出去，然後輕輕帶上房門，心裏想：太后與父王談國家大事，避着我們母子，或許還可說得過去，皇上乃一國之主，爲什麼還要避他呢？偷眼看了看光緒，見皇上臉色平靜，並無不悦之色，心裏更覺不解。

慈禧挨着床沿坐下，以她素日極爲少見的温和神色對恭王說：『王爺，有什麼話要對我說，請講吧！』

恭王無神地望着面前的嫂子，當年京師與熱河密切配合，所演出的那一幕幕驚險場面，奇異般地又在他的腦子裏浮了出來，可惜，他已無氣力去追索那些往事了。他要把他病重以來思之良久的幾件事，趁着還能開口的時候，向太后託出來。

『太后，老臣已是將要見列祖列宗的人，爲了祖宗的江山，老臣有幾句話不得不說。』

恭王閉下眼睛，養了養神，睁開眼繼續說：『變法是大事，宜謹慎，皇上持重不够，太后要多留神點。』

慈禧點了點頭說：『王爺顧慮得極是，滿蒙親貴中好些人也都對我說過這樣的話。』

『翁同龢性情輕率，難穩社稷。甲午年皇上對日本宣戰，就是受他慫恿。國力不足而主動宣戰，使國家蒙受更大耻辱，這責任要算到他的頭上。最近，皇上大講變法，又是受他之蠱惑。老臣死後，軍機處中無人能制約他。故老臣對太后說句極機密的話：適當時可將翁開缺回籍，免得皇上被他所誤。』

慈禧心裏怔了一下。慈禧原本對翁同龢印象極好，故同治死後又讓他教輔光緒，但近年來，因着與翁同龢關係較爲密切的吏部侍郎汪鳴鑾、户部侍郎長麟，及門生内閣學士文廷式遭到革職，她看

出翁已與她有了疏隔，許多人都講翁利用變法在爲皇上和自己争權。現在恭王也這樣說，看來確實無疑了。

慈禧問：『王爺看去掉翁同龢後誰可主持中樞？』

『張之洞。』恭王喘了口氣後接着說，『主持中樞，李鴻章本來最爲適宜。但甲午年對李的聲望打擊太大，且他年事已高，難以擔此重任。這些年，老臣細心觀察各省督撫將軍，真正可寄大任者惟張之洞一人而已。張守正學而不迂腐，着眼大局而能辦實事，是曾國藩之後又一社稷之臣。可將他從武昌調進京師，入軍機處辦事。』

張之洞，那個其貌不揚的湖廣總督，自從光緒七年外放山西後，十七年過去了，他再也未回過京師，慈禧也再也没見過他。當年，她破格召見過此人，將他作爲社稷之臣而予以越級超擢。十多年來，他也真不負朝廷重望，在山西、兩廣、兩湖任上都做得有聲有色，調他來代替翁同龢，無論從資歷、地位、聲望來看，都是最適宜的人選。但慈禧也聽好幾個人在她面前議論過張之洞，說他好大喜功，華而不實，且熱衷趨時，與康有爲稱兄道弟，還在湖廣督署内以出格之禮迎接康有爲弟子梁啓超，令人駭然。慈禧沈吟片刻，又問：『除張之洞外，王爺看還有何人可託重任？』

停了良久，恭王低聲吐出兩個字來：『榮禄。』說完便閉上眼睛。慈禧想聽他的下文，但一直不見他再開口。恭王的這個人選正合慈禧的心意，她由此而深感恭王是個老成謀國的賢王忠臣，由此而加重他前面所說的那一番話的分量，一句盡人皆知的名言重重地烙在慈禧的心頭：人之將死，其言也善。

這天半夜，恭王奕訢終於帶着無盡的遺恨離開了人世，京師爲他舉行了極爲隆重的葬禮，慈禧多

次親臨祭奠，又將『忠』字賜給這位小叔子，作爲美謚來褒獎他一生對朝廷實際上是對她個人的耿耿忠誠。

恭王走了。翁同龢感到擱在他面前的一塊巨石已自行消除，維新變法的大政可以提前推行了。康有爲對他說，學生梁啓超在湖南得到巡撫及司道大員的支持，湖南新政極有成就，朝廷可派員前往湖南考察，作全國推行新政的借鑒。翁同龢採納了這個建議，從內閣調派兩個中級官員，帶上幾個隨從，星夜趕赴湖南。

說起湖南來，這半年間真可謂鬧得人歡馬叫，紅紅火火，又確乎與眼下的自然景觀一個樣：春光明媚，萬象更新。

時務學堂辦起後，招收了四十多名舉人、秀才、廩生等出身的學員，完全實行新的教學方式，中文總教習梁啓超受當年萬木草堂的啓發，更自創一種新的教學方式：講課少，批語多。他每隔三五天，便要出一道題目讓學生寫一篇劄記，然後就在每一個學生交來的劄記後面寫上自己長長的批語，往往批語是劄記的兩倍、三倍甚至更多。寫好後，再將這個學生叫到他的備課處來詳談，容許學生反駁詰難。他針對學生的問題再一一講解。梁啓超不是將他的學生當一般人看待，而是記住曾國藩的話，把他們當作種子看待。他希望通過這種教學方式，爲湖南也爲全國培養一批維新種子來，將來通過他們的開花結果，而造成大面積的維新成果。梁啓超學問好，文章好，更兼年輕，精力過人，常常一天衹睡一兩個時辰，從早到晚精神昂揚，誨人不倦。梁啓超以他的才學和人格魅力贏得了湖南士人的尊敬，時務學堂因此有了很好的聲譽。與此同時，梁啓超又與譚嗣同、唐才常等人發起了南學會。這南學會實際上就是强學會的湖南分會，藉此團結同好，聚集力量。在南學會的影響下，一時間湖南

辦起了衆多學會，有不纏足會、延年會、積益學會、公法學會、法律學會、群萌學會、任學會、輿算學會、致用學會、明達學會等等，真好比雨後春筍，一個接一個地冒了出來，使三湘大地朝氣勃勃，生機盎然。

巡撫陳寶箴、臬司黃遵憲更在這種氛圍的激勵下，力行新政。一面大力開發地方資源，鼓勵創辦企業。湖南礦務總局、湖南水利公司、化學製造公司、和豐火柴公司、寶善成公司也相繼在省垣長沙開辦起來。又有紳商與湖北同人合作，辦起了有綫電報站、小輪船公司。一面又設立課吏局和保衛局。課吏局以培訓官員爲主要內容，保衛局則以維護社會治安爲職責。

在教育、社會團體、經濟與政治各方面一派新氣象的同時，湖南的報紙更是辦得有聲有色，影響巨大。

早在光緒二十三年四月，由學政江標發起，唐才常任編輯的《湘學報》便在長沙創刊。《湘學報》以《時務報》爲榜樣，旨在使讀者周知世局，破除成見，達到開民智而育新風的目的。

《湘學報》爲旬刊，每十天出一份報紙，分史學、掌故、輿地、算學、商學、交涉六大門類，較多介紹國外的情況，又常有唐才常等人的時事評論，對開啓湖南的新風氣起了很重要的作用。

梁啓超來到長沙不久，學政江標調離湖南，接任者即徐致靖的長子徐仁鑄。梁啓超和徐仁鑄都認爲十天一報與當今世界的快速發展極不相宜。梁啓超說得好：『昨日之新至今日而已舊，今日之新至明日而又已舊。』於是又在湖南創辦《湘報》，每日一報，熊希齡又請陳寶箴將非機密的政府公文公牘隨時在報端刊發。《湘報》團結當時三湘一批時代精英，他們在報上宣傳愛國，倡導救亡，鼓吹維新，批評時弊，在社會各界的影響力上，又大爲超過《湘學報》。

然而這一切却引起了湖南另外一些人的反感，這些人中的積極者大多在士紳界，他們的大本營則是嶽麓書院。

位於長沙城湘江西岸嶽麓山下的嶽麓書院，創立於北宋開寶年間，匾額『嶽麓書院』四字乃真宗親手所書。北宋書院繁盛，當時各省都立有書院，然而在後來的歲月裏，或毀於天災，或敗於管理不善，很少有存在三五百年以上的。惟獨嶽麓書院，九百年來一直杏壇高築，弦歌不絕。書院不僅保持北宋開辦之初的面貌，而且在元、明、清各朝都有所擴大。

這裏培養了數不清的顯宦名士，光是咸同時期的中興名臣，就有曾國藩、左宗棠、胡林翼、郭嵩燾、李元度、劉蓉、劉長佑、曾國荃、劉坤一等一長串名單。在造就人才的同時，嶽麓書院也以其獨特的優勢釀就了一種學問一種文化，即人們所熟知的湘學或稱之謂湖湘文化，然後又通過這種學問文化熏陶化育成千上萬的三湘士子，形成一派獨具特色的湖湘風尚。嶽麓書院於是便成了湖南官紳士子心目中的泰山北斗，獲得『瀟湘洙泗』的美譽。它以大門上的楹聯『惟楚有材，於斯爲盛』，向世人高標書院的自信和自傲，以『道南正脈』的講堂橫匾宣佈它儒學正宗的崇高地位。

由於朱熹曾做過它的名譽山長，也由於張栻、真德秀、李東陽、王守仁做過它的教習，所以，嶽麓書院對山長擇人甚嚴，非做過大臣、或在學術界有着大影響的人不可。對教習也要求甚高，不是品性敦厚學有專長的宿學，絕難在書院謀得一個教席。

當今的山長王先謙便不是一個等閒人物。這位字益吾號葵園的長沙人，乃翰林出身，做過江蘇學政、國子監祭酒，曾因指責慈禧太后而以直聲享譽士林，又以著作等身號稱大儒。

四年前在一片衆望所歸的呼聲中王先謙由京師回到家鄉，接掌嶽麓書院。四年來，他從四面八方

延聘不少名流來書院任教，又整飭教規，嚴督學生，把嶽麓書院治理得有條不紊，名氣更大。

王先謙和他掌管的嶽麓書院一向執湖南學界之牛耳，現在突然來了個梁啓超，冒出了個時務學堂，大受時譽讚揚，又何況梁啓超不過一個二十多歲的布衣，時務學堂連師帶生不足百人，這如何令王先謙和嶽麓書院的師生心裏服氣。更有甚者，梁啓超在時務學堂公然鼓吹乃師的那一套學問，說古文經書是僞學，堯舜禹湯，盡皆孔子的臆造。又宣揚什麽君權輕民權重，民權更勝過君權，國家大事要付諸議院討論，還要廢八股罷科舉，憑西學取士，等等。

一向視綱常名教爲安身立命之所，以科舉功名爲進身之途的王先謙和他的同仁及學生們如何能容得下這種大逆不道、數典忘祖的邪説謬論，遂在長沙城掀起了衛道翼教的風潮。王先謙這一派有一個得力的支持人，此人名叫葉德輝。葉德輝的父親本是江蘇人，後來定居湖南湘潭，葉德輝便也以湘潭人自居。他考中進士後分發吏部任主事，但不樂於在京城做官，更喜歡做個自由自在的文士，遂回到湖南住在長沙，一邊做他的校勘版本目録學問，一邊印書賺錢，養家餬口。他的學問做得好，販書業也做得好，是長沙城裏一個人名流。他也很看不慣湖南的新變化，遂和王先謙沆瀣一氣，組成聯盟。這樣，反對派的勢力就更大了。

新派利用《湘報》、《湘學報》和時務學堂爲陣地，舊派利用嶽麓書院爲堡壘，雙方展開了激烈的論争。

這一天，《湘報》刊登了一篇署名爲易鼐的文章。文章説，要將中國由弱變强，有四種辦法可以採納，一爲改法以同法，二爲通教以綿教，三爲屈尊以保尊，四爲合種以留種。並解釋説，改法即西法與中法相參，通教即西教與中教併行，屈尊即民權與君權兩重，合種即黄人與白人互婚。易鼐這篇

文章如同在本已沸騰的油鍋裏澆上一勺冷水，頓時濺起滿鍋油浪，湖湘士人都被這篇文章攪得鬧騰騰的。舊派則更是抓到一個大把柄，對《湘報》及其背後的支持者大加抨擊，葉德輝義憤填膺，斥之爲無耻之甚。

十多天後，張之洞在湖廣總督衙門裏也讀到了這篇文章。對於湖南的新政和《湘學報》、《湘報》，張之洞從整體上是支持的，並指示湖北各級衙門、各大學堂都要訂閱湖南的兩報，又多次在譚繼洵的面前，藉稱讚他的兒子來肯定湖南所發生的變化，甚至建議譚繼洵回湖南去住上個把兩個月，一來省親，二來借鑒。但譚繼洵並不認爲湖南值得傚法，每以年老體衰爲辭婉謝，令張之洞拿這個老資格的官僚真正一點辦法也没有。

今天突然看到這樣一篇言論乖戾的文章，他心中很是憤慨。合種已是貽笑大方，屈尊、通教更是不忠不敬，儻若被人周納羅致，扣上一頂謀逆的大帽子也並不過分。而這篇文章出自自己所管轄的湖南，又登在自己所稱讚的《湘報》上，一旦追查下來，豈能脱掉干係？他提起筆來，給陳寶箴寫了一封信：

湘中人才極盛，進學極猛，年來風氣大開，實爲他省所不及。惟人才好奇，似亦間有流弊，《湘學報》中可議處已時有之，至近日新出《湘報》，其偏尤甚。近見刊有易鼐議論一篇，真正十分悖謬，見者人人駭怒。此等文字遠近煽播，必致匪人邪士倡爲亂階，且海内譁然，有識之士必將起而指摘彈擊，亟宜諭導勸止，設法更正。

寫完後，他想此事緊急而寄信慢，於是便交給電報房，作爲電報發到長沙。

陳寶箴接到總督衙門發來的電報，不敢怠慢。他一面轉告《湘報》的主持人熊希齡，望他以此爲

戒，今後再不發這等言辭激烈的文章。一面親自給張之洞回電，承認自己職守有疏，今後要嚴格督促，兩報少發議論，多録古今有關世道名言，效陳詩諷諫之旨。見湖廣總督親自出面嚴厲指摘，長沙城裏的守舊派，莫不彈冠相慶，咸欣欣有喜色。

王先謙指使他的學生大量搜集梁啓超等人在時務學堂的出格言論，以及《湘學報》、《湘報》上所發的不軌文章，讓他們以嶽麓書院『學士輯録』的名義給湖廣總督衙門寄去，以求得張之洞更大的支持。

張之洞收到了這份告狀式的《輯録》後，發現梁啓超等人原來在時務學堂發表了許多與朝廷的旨意相悖、與自己的觀念相反的言論，想起他對這位後生輩的逾格接待和多次公開揄揚，背上不禁沁出冷汗，心裏頗爲後悔。這時京城裏各種信息也從不同渠道流向督署。初夏的武昌城，如往年一樣的草長鶯飛，百花争放，但在張之洞的心頭上，却如同暮冬般的密雲籠罩，陰霾沈甸。局勢的進展如何，他難以預測。

他給在户部供職的仁權發去電報，要兒子迅速找到楊鋭，將京中的情況如實告訴他。兒子回電，説會見了楊鋭。楊鋭説他和楊深秀都認爲皇上即將重用康有爲，在全國實行維新變法的新政。又説兩湖已引起皇上的重視，勢必成爲今後全國的模範。電文還轉述楊鋭的話：有跡象表明皇上將召老師晉京擔當大任，望早作準備。

張之洞看到這份密電後，心裏矛盾交錯，難以拿定主意。若按《湘報》、《湘學報》的辨報傾向和梁啓超等人在時務學堂的奇談怪論，以及嶽麓書院師生所申述的道理，可以立即通知陳寶箴迅速剎車，懸崖勒馬。至少，兩報祇能登正論，而不得亂發議論，時務學堂祇能傳道授業而不能再鼓吹民

權。

甚至也可能按照書院派的主張，關閉兩報，遣送梁啓超離湘。但是，假若楊鋭、楊深秀所説的是真的，皇上真要重用康有爲在全國立行新政，那麼梁啓超也便即刻獲大用。一旦實行新政，做照西方，那麼民權也好，立憲也好，合教合種也好，也都不是完全不可以談論的話題。形勢嚴峻，問題尖鋭地擺在眼前：假若倒向舊派一邊，維新派一旦上臺掌權，不但不可能晉京獲大用，説不定連湖廣總督的位置也保不住；假若倒向維新派，若萬一變法失敗，守舊派得勢，則自己有可能變爲倡亂的頭領，闖禍的魁首。熟諳歷史的張之洞知道，歷來革新變法都少有成功的，一旦失敗，下場極爲悲慘。商鞅車裂，半山放逐，江陵鞭屍，便是典型的例子。

怎麼辦呢？要麼索性保持沈默，置身事外，遠離漩渦，明哲保身吧！張之洞細細一想，即使這樣，也是辦不到的。多年辦洋務，撑西學，最近一段時期，又與康有爲、梁啓超等多有交道，在一些人的眼裏，自己可能早已被列爲新派的人。維新不能成功，自己决然擋不住舊派的清算。那麼乾脆明朗地表示，站在新派一邊。但是，他們的種種主張和做法又並不爲自己所全部認同首肯，從嶽麓書院師生激情慷慨甚至帶有不共戴天之仇的情緒看來，新派要想取得大多數人的贊同，怕也困難。

怎麼辦呢，怎麼辦？張之洞反覆思忖着，推敲着，一時陷入進退維谷，左右兩難的境地。他想：假若子青老哥、閻丹老他們在就好了。他們都曾在最高層呆過較長的時間，對太后、皇上和滿蒙親貴大臣較爲注意，這樣一場關係全局的大事，他們會因瞭解內情而比局外人看得清楚些，高遠些。可惜，他們都先後故去，不在人世了。這個時候，他又想起了桑治平。桑治平携帶秋菱，離開總督衙門至今將近兩年了。近兩年來，他曾多次想起這位與他朝夕相處十多年的摯友兼兒女親家，想起桑治平

幫他出謀畫策、排憂解難的種種往事。他相信桑治平的離去，確乎是出於情感的原因，但也有可能出於別的緣故。他很想能在哪天，突然再見到老朋友，大家放開心胸來暢談一次就好了，但現在一去兩年竟然杳無音訊！桑治平他究竟現在將家安在何處，是回故鄉了，還是寄寓在另一個地方？此刻，儻若桑治平在身邊的話，他一定會有一些很有價值的看法。張之洞頓時有一種悵然若失的感覺：可商大事的人太少了！

張之洞一面密切關注着京師和湖南的動態，一面在苦苦思索着：在這山雨欲來的前夕，怎樣纔能最好地度過即將到來的暴風驟雨？

這時，有一個人突然來到武昌，他無意間給張之洞廓清迷茫，點明津渡。此人便是他的姐夫鹿傳霖。

鹿傳霖本是一個官運極亨通的人。他歷任河南巡撫、陝西巡撫，光緒二十一年又擢爲四川總督。郎舅二人均爲督撫，在中國的官場上並不多見，既被人羨慕，也易遭人嫉妒，於是郎舅相約書信往來可多些，禮物饋贈則從略，公務上的事，也儘量少往來。去年，鹿傳霖却被革去了四川總督，在原本一帆風順的仕途上跌了一個大跟斗。這並不是因爲他貪污受賄，也不是因爲他瀆職失責，而是因爲與西藏拉薩政府發生衝突的原因。

達賴對鹿傳霖不滿意，上書朝廷告狀。清廷對西藏一向採取籠絡安撫的政策，衹要不牽涉到國家主權和朝廷尊嚴，其它事，在朝廷看來都是小事，不妨都依着他們，衹求不出亂子，彼此相安無事。面對着達賴的狀告，主持軍機處的奕訢衹能捨棄鹿傳霖而安撫達賴。就這樣，鹿傳霖冤裏冤枉地丢掉川督紗帽，回到直隸定興老家休養。

鹿傳霖做了一世的官，驟然間去職爲民，這種失落感如何平息得了？何況他一直也不認爲自己有錯，心裏很委屈。過了幾個月，待新川督上任，與西藏上層重修舊好後，鹿傳霖便開始謀求開復的路子。他自然與京師大員廣有交往，不少王府要宅他都去過，也暗中送了重禮，其中一條路上他下的功夫最大，也最有成效，這便是通往榮府之路。

光緒十五年至二十年間，榮禄做西安將軍，這期間鹿傳霖做陝西巡撫。那時，一個是西北軍務的總頭領，一個是陝西地方的最高官員，職位的關係，使得他們聯繫很多。榮禄雖出身滿洲貴族之家却並不是平庸的紈袴子弟。他好讀書，也頗有才情，對翰林出身的鹿傳霖有幾分尊敬。而鹿傳霖則更是做官的好手，深知結識榮禄這種人，對自己仕途的重要性，遂傾心相交，殷勤款待，故二人交往頗深。光緒二十年，榮禄内召時，還薦舉鹿傳霖署理暫時空缺的西安將軍。

現在榮禄正受太后的寵愛，出任協辦大學士、兵部尚書，炙手可熱，是一個極好的奥援，故恭王的大喪之儀結束後不久，鹿傳霖便又來到京師，這一次他乾脆應榮禄之邀住進了榮府。榮禄告訴他一年前革職的事是恭王辦的，現在恭王去世，最大的障礙已消去，這是天賜他以起復之機，準備近日就進園子去爲此事面奏太后。過幾天榮禄興沖沖地告訴他，太后已准奏，祇是眼下尚無一合適職務出缺，叫他回定興縣去耐心等待，少則兩三個月，多則半年，就可以走馬上任了。

鹿傳霖自是欣喜萬分，回到定興，老兩口商量，多年來没有與弟弟見面了，不如趁着這個機會，去一趟武昌，姐弟郎舅叙一叙，過些日子起復後，就没有時間了。就這樣，鹿傳霖夫婦在幾個男女僕人的陪伴下來到武昌城。

能在分别許多年後重見姐姐姐夫，真讓張之洞和他的全家歡喜了好多天。張之洞與這個姐姐雖不是同母，但都是幼年失怙，彼此心意相通，故姐弟情分還是深的，而今都過花甲，更添一重珍惜晚年的感嘆。家宴上，張氏姐弟你一句我一句地背誦着王安石的那首送給姐姐的名詩——《示長安君》：

少小離别意非輕，老去相逢亦愴情。
草草盃盤供笑語，昏昏燈火話平生。
自憐湖海三年隔，又作沙程萬里行。
欲問歸期何日是，寄書應見雁南征。

在閃爍的燭光下，在弟弟已成國家棟樑的今夕，老姐弟倆背誦着這首兒時喜讀的七律，其樂也融融，其情也洽洽。

珮玉母子和念礽夫婦陪着老兩口登黄鶴樓，遊龜蛇二山，參拜歸元寺，憑弔魯肅墓。幾天下來，老兩口説再也走不動了，不看名勝古跡了，要坐下來和家人好好説説家常，聊聊天。老姐姐和珮玉、環兒絮絮叨叨地説些瑣細事。張之洞則請姐夫在他的書房裏共訴宦海況味。當鹿傳霖説到他近來在榮府住了半個月，又説榮禄如今聖恩優渥時，張之洞猛然想起，何不藉此機會請姐夫談談京師的時局！

『滋軒兄，你這次在榮府住了半個月，你看榮禄對維新一事的態度如何？』

『榮禄反對變法。』鹿傳霖不假思索地回答，『正月裏，在總署召見康有爲時，他的態度最爲明朗。我們在一起閒談時，他不止一次地説過，皇上年輕不懂事，受翁同龢的影響，聽信了康有爲的煽動。康有爲並不是真正爲了大清的强大，他是因爲仇恨咱們滿人，想自己上臺掌權，變法祇是幌子，可惜皇上閲歷淺，看不透這點。榮禄説，他很爲皇上擔憂。』

張之洞頗爲喫驚地問：『榮祿怎麽敢這樣說皇上？』

鹿傳霖不以爲然地說：『榮祿背後有太后呀，太后支持他，他還怕什麽！』

張之洞早就從來自京師方面的消息中聽到一種說法，他想從這位熟知朝廷上層的至親處得到驗證。

『不少人都說朝廷分后黨、帝黨兩派，依你看，有這個事嗎？』

鹿傳霖思索了一下說：『后黨、帝黨的說法，我在陝西、四川時也聽說過。依我看，無論太后和皇上，都不可能有意組一個自己的黨派。皇上雖不是太后親生，是太后最親的親人，何況四歲即入宮教養，與親生並無多大區別。太后既已歸政，何必再事事牽制着皇上？這是從太后的一邊來說。從皇上一邊來說，滿朝文武都是他的臣工，他有必要再樹一個幫派嗎？那豈不自己挖自己的墻脚？』

張之洞也覺得此話有道理，從常情來說，確應是這樣，但許多人都這樣說，難道都是無中生有？

『依你這樣說來，朝廷文武都應該聽皇上的了，但爲什麽又說太后支持榮祿，榮祿就有膽敢說皇上的不是了？』

鹿傳霖笑了笑說：『香濤，你是個聰明人，過去在京裏也住過將近二十年，你應該知道太后的性格。我們這位太后可不是一般的太后。』

張之洞點點頭表示贊同。

『皇上親政十年來，尤其是甲午年來，太后和皇上之間有了些隔閡。這隔閡本源於皇上的夫妻不和。皇上不喜歡皇后，而喜歡珍妃姊妹。皇后常向老姑母訴苦，惹起了太后對皇上的不滿。再一點是二人性格的不同。太后剛强決斷，敢作敢爲，皇上柔弱些，遇事拿不定主意，聽翁同龢的多。太后對

皇上這種性格看不慣，有漢高祖「盈兒不類我」的感嘆。』

張之洞笑了：『父母太强悍了，兒女反而强不起來，自古以來，這樣的情形也多。』

『太后與皇上的分歧終於在甲午那一年的戰爭中明朗了。皇上聽了翁同龢的意見，對日宣戰，結果辛苦經營十年的北洋水師毁於一旦，在外人面前暴露了我們大清國的虛弱，太后很是惱火。她是力主和談的。一開始就和談，日本不知底細，還不至於太猖狂，結果仗打敗了，再來和談，那就衹有聽憑人家漫天要價了。太后從此對皇上不太相信。太后聽政三十來年，朝中文武多是她選拔的，自然對她感恩戴德，尤其是甲午戰事中主和的一些大臣，更覺太后英明，於是常去園子裏看望太后，向太后請安稟事，這樣無形中間便形成了一個派別。十年來，皇上也選拔了一些人，其中主戰的那些人自然覺得跟皇上脾性相投，奏事也多些，於是也似乎形成了一個派別。』

張之洞笑了笑說：『說了半天，你又回到我的問話來了，其實朝中確實是有后黨和帝黨兩派的。』

鹿傳霖擺了擺頭說：『依我看，還是不能用后黨帝黨這個說法，因爲他們並沒真正形成一個黨派：有頭領，有宗旨，常在一起集會議事，就像當年你們的清流黨一樣。』

張之洞忙說：『我們也沒有什麽黨，衹是大家合得來，共同的話題多些，相同的看法多些罷了。』

鹿傳霖大笑起來：『你看，連清流黨你都不承認是一個黨，現在京師兩派的內部關係比起你們當年來差得遠了，還能叫黨嗎？』

張之洞衹能笑而不答了。

『除開這一點外，還有一個原因，便是與太后比起來，皇上的力量太弱了，不足以形成一個與太后相對峙的集團，尤其在長麟、汪鳴鑾、文廷式等人革職去京後，除開一個翁同龢外，幾乎再難找幾個

大臣是一個心眼跟着皇上走的。這原因還是我剛纔説的那些：朝廷大臣都是太后選拔的，皇上辦事不力，甲午一仗的失敗罪責雖然都算在翁同龢身上去了，但許多人心裏都認爲皇上是該負責任的。這些原因加起來，使得朝廷中文武大多認爲皇上治國遠不如太后。皇上哪能有個什麼黨呀派呀的，與太后分庭抗禮呢？』

鹿傳霖這番話引起了張之洞的深思。照這樣説來，即便維新變法得到皇上的支持，儻若太后不贊成的話，也是辦不成的了。『滋軒兄，你説榮祿是反對變法的，且得到太后的支持，如此看來，太后是反對變法的了。有消息説皇上準備在全國行新政。這樣大的事情，皇上若不得到太后的允准，應是不會單獨做的。從這點看，太后又是支持皇上的了。這些事情，真叫人摸不清底細。你説呢？』

鹿傳霖手握茶盃，凝神良久，緩緩地説：『真正如你所説的，這些事情是叫人摸不清底細。我在京師也聽到皇上要重用康有爲，在全國變法行新政的傳言，又的確親耳聽到榮祿反對的話。照理説，這樣大的事，皇上是會先稟報太后的。我想，事情有多種可能：也可能皇上已稟報過太后，也可能根本未稟告，也可能太后同意局部變一變，也可能太后現在同意變，今後遇到麻煩事又不同意變，也可能太后這次打定主意先在一旁看皇上的行事，若不行了，再出面干預。總之，情況很複雜。但不管如何，有一點我是看得清楚的。』

張之洞目光炯炯地望着姐夫，聽這位極具做官才能的前川督談他的官場見識。

『香濤，這話我衹是對你説，這是我們郎舅之間的私房話，你聽聽就完了，也不要對別人説。我剛纔説的榮祿的一句話很重要。他説康有爲要變法是因爲仇恨滿洲人。這句話很能代表滿洲官員的心

態。變法若不傷及他們的利益則罷，若一旦傷及，他們就會在這一點上，消除他們內部的一切恩怨而聯合起來，皇上的壓力就大了。儻若到那時，他們推出太后來做首領，皇上便衹有退讓一路可走。但是，香濤，你是知道的，歷朝歷代，哪次變法又不傷及一些人的利益呢？咱們大清朝哪些人的利益大？還不是滿洲人！今後一旦涉及這個份上，那便不是什麼變不變法的事了，而是要不要祖宗江山的事了，保不定人頭滾滾血流成河的事都有可能出現。』

張之洞聽了這話，想起自己與康、梁等人的接觸，渾身不舒服起來。『滋軒兄，你不久就要起復了。我請教你，面臨這種局面，你將怎樣辦？』

鹿傳霖摸摸圓滾滾的下巴，説：『我一向有個老成法，喫不準的事，穩着辦。我起復後，多半還是到哪個省去做督撫。若皇上要行新政了，我當然衹能奉命，因爲是皇上的聖旨，我不能違抗；但我也不急着辦，看看別人怎麼做的再説。大局未定的時候，我也不説變法好，也不説變法不好，隨大流，不做出頭鳥，最保險。』

此即從孔夫子那個時候便有、一直綿延不絶的『鄉願』。張之洞過去一向厭惡，但又不得不承認，這的確是一個保烏紗帽的穩當辦法。『你看看我這個湖廣總督，面臨這樣的局面，要怎麼辦，學你的穩辦法嗎？』

『你大概不行吧！』

『爲什麼？』

鹿傳霖放下茶盃似笑非笑地説：『普天下的人都説，湖廣總督是個新派人物，辦洋務局廠、引進西洋技藝、學洋人的勁頭大得很。還有人説你張香濤與康有爲、梁啓超稱兄道弟，甚至有人説康有爲

的靠山，在朝內是翁同龢，在朝外就是你張香濤。你看，你處在這樣的位置上，如何還能穩得住！』

一絲恐懼感突然湧上張之洞的心頭。他彷佛發現一向陽光普照的寬廣仕途上突然罩上陰雲黑霧，變得逼仄迷蒙了。素來好强的湖廣總督不由得求助於姐夫來：『滋軒兄，看來一場大風大雨的到來是避免不了的事。你要幫我出出主意，讓我平平安安地度過去纔好。』

鹿傳霖莞爾一笑：『香濤，實話告訴你吧，這就是我和你老姐姐這次專程來武昌的目的。我從京師回定興後，對你老姐姐說，香濤眼下處在風口浪尖上，不知他自己意識到没有？你老姐姐說，你是他姐夫，又長他幾歲，你不能袖手旁觀呀，要去和他談談。我說，香濤爲人固執，怕聽不進別人的話。你老姐姐說，即便聽不進，也得說。』

張之洞知道這是姐夫在敲自己，忙笑着說：『我雖然有點固執，但在你的面前没有固執過，你不要以此作爲藉口。』

『我若以此爲藉口，就不來武昌了。』鹿傳霖也笑了起來。『我爲此一直反反覆覆地在想，想來想去，衹有一個辦法，你必須得向太后、皇上表明一個態度。』

張之洞有點犯難：『這個態度怎麽表？是贊成維新，還是反對維新？』

『要表一個這樣的態度，』鹿傳霖慢悠悠地說，『你既擁護新，又不反對舊；既願大清强盛，又要守祖宗基業。一路上我琢磨此事可歸納爲十六個字，叫做：啓沃君心，恪守臣節，力行新政，不背舊章。』

『啓沃君心，恪守臣節，力行新政，不背舊章』。張之洞在心裏喃喃復述着姐夫的這十六字真訣。這篇文章怎麽做呢？他苦苦地思索着。

六　集湖廣幕府之才智，做維新護舊之文章

這一天在簽押房，他剛放下手中的筆，又想起鹿傳霖的那一番話來。這篇文章如何寫呢？他捻着下巴下的灰白長鬚，凝神思考起來。正在這時，梁鼎芬走了進來。

『什麽事呀！』

『香帥，』梁鼎芬走到張之洞的身邊說，『這些天兩湖書院的學生們，因湖南《湘報》上的一篇文章引發了大辯論。』

『是不是易鼐的那篇文章？』

『正是。平時向往新學的拍手叫好，崇尚舊學的則深惡痛絶，雙方各執一端，爭得面紅耳赤，有的甚至課都没有心思上了。』

張之洞盯着梁鼎芬說：『你的看法呢？』

梁鼎芬略作思考後說：『易鼐的那些說法，我不能完全接受，但我說服不了那批新學迷。』

『什麽不能完全接受。』張之洞站了起來，『應該是完全不能接受，我去和他們辯論。』

『太好了。』梁鼎芬來的目的，就是爲了搬總督這個救兵的。『什麽時候能去？』

『兩湖書院非一般地方，我得要先準備下纔行。第一得有的放矢，第二還得言之有據。節庵，學生們爭辯的要點在哪幾個方面，你給我說說。』

梁鼎芬想了想說：『依我看，學生們爭執最烈的有這麽幾個主要問題：一是中學和西學哪個更重要，二是西學不要三綱五常，丟掉老祖宗傳下來的根本，這在中國能行得通嗎？三是大家都去學聲光

電化這些學問，今後科舉如何考，考什麼？光聲光電化就能治國强兵嗎？四是君權與民權。百姓應不應該有權，是君權大還是民權大。等等。當然，還有不少問題，這幾個是主要的。』

『行，你回書院去吧，待我思考思考。』

梁鼎芬走後，張之洞重新拿起筆，批起公文來。

中午喫飯時，張之洞又想起了寫文章的事。突然，一個靈感在腦子裏閃動：何不將去書院講學與寫文章表明態度兩件事當一件事來辦？兩件事有一個共同的主題，即面對當前的局勢，我張某人該說些什麼。給太后皇上看的文章不用奏摺形式更好，它可以在報上公開發表，讓天下人都知我張某人的態度，免得衆口悠悠說三道四。這些報紙還可以通過別人之手轉呈太后皇上，如此，太后皇上也看到了。它所起的作用遠比上一道奏摺大得多。

放下碗筷後，此事便這樣決定了。隨即通知衙門總巡捕，說下午要在書房裏寫一篇重要文章，除朝廷來聖旨外，任何人不接待，任何事不辦。

興許是常喫趙茂昌送的特製人參的緣故，張之洞雖然已六十有二歲了，外表看起來很蒼老，精力却依舊旺盛過人，上個月環兒又爲他生了一個兒子。老翁得子，不僅有添丁之樂，更有高壽之兆，張之洞因此更增自信之心。尤其是當一樁富有挑戰性的事來臨時，更能激發他年輕人似的興致和熱情。他放棄慣常的午休，離開餐桌後便赴西院書房。

他提起筆來，匆匆在紙上寫了幾行字：

今日之世變，豈特春秋所未有，亦秦漢以至元明所未有也。海內志士發憤扼腕，於是圖救時者言新學，慮害道者守舊學，莫衷於一。舊者因噎而食廢，新者歧多而羊亡。舊者不知通，新者不知本。不知通，則無應敵制變之術；不知本，則有非薄名教之心。夫如是，則舊者愈病新，新者愈厭舊，交相爲愈，而恢詭傾危亂名改作之流，遂雜出其說，以蕩衆心。學者摇摇，中無所主，邪說暴行，横流天下。敵既至無與戰，敵未至無與安。吾恐中國之禍，不在四海之外而在九州之内矣！

一口氣寫下這段文字後，張之洞自己都有點驚訝：怎麼會寫得如此暢快通順，而且一下筆便爲新、舊兩學定下了基調：新可救時，舊能守教，新之弊在不知本，舊之弊在不知通。同時也明確指出，在新學舊學的爭辯中，邪說暴行便乘隙而入，這將是中國的禍亂之根。

再將這段話復讀一遍後張之洞也釋然了，這也並非是什麼福至心靈的緣故，而是自己多年來的認識。尤其在看到《湘報》上易鼐的文章和嶽麓書院的《輯録》後，時常思索的結果。其實，沒有提筆寫文章的時候，腦子裏的思索如同亂麻似的，沒有條理，也不得要領，用心來做文章，條理自然也就清晰，要領也便出來了。張之洞既感欣慰又覺惋惜。欣慰當年寫作《輶軒語》《書目答問》時的能力還在，惋惜的是近二十年來雜事紛擾，案牘勞形，使得自己幾乎沒有一種安寧的心境來握管作文，不能爲後人多留下一些詩文書册。唉，有文則無權，有權則無文，前人說『閉户著書真歲月』，又說『封侯拜相男兒事』，人生事業，究竟應以哪種爲最佳？

這樣一番感嘆後，張之洞忽然想，我何不藉此機會多寫點，爲自己再添一部類似《書目答問》一樣的書豈不更好！想到這裏，前詞臣學政興奮起來。他慢慢地邊磨墨邊思考，先來爲這本書想個題目。新學舊學辯。這個題目一目瞭然，但論辯氣息太重，不大合自己的身份。求通與守本。這個題目直逼要害，但限制思路，衹能作一篇文章，不宜寫一本書。

以總督身份去書院講課，面對着的是兒孫輩的莘莘學子，宜以勸戒的方式爲妥。張之洞想起了荀子的名言：學不可以已。是的，過去祇有中學而無西學，祇有舊學而無新學，尚且是學不可以已，現在面臨更多更複雜的學問，更應該不可以已，好了，就用這句名言的出處《勸學篇》作爲書名吧！

定下書名後，張之洞開始構思這部書的主要內容了。

他想着：這部書可分爲兩部分：一部分論舊學。舊學既爲本，則從本字上做文章。什麼是本呢？對修身而言，心爲本；對處世而言，忠爲本；對爲學而言，經爲本；對聖學而言，三綱爲本。要把這些屬於『本源』的東西論說清楚。一部分論新學。新學既爲通，則應從『通』字上做文章。通者，變通也；變通的目的在於實用，新學的確是很具有實用價值的學問。若從全國範圍來講，新學遠未普及，應用大力氣去推廣新學，比如設學堂、設翻譯局、鼓勵出國留學等，中國目前最需要的是修鐵路開礦藏練軍隊，而這些方面自己都有親身歷練，是可以好好總結總結的。

到衙門下午散班關門的時候，張之洞腦中《勸學篇》的大綱便基本上有個框架了，必須趁熱打鐵，抓緊時間做好這件事。

『大根，我要寫一篇大文章，想找一個清靜的地方去住幾天。你看去哪裏爲好？』喫完晚飯後，張之洞問大根。

大根說：『四叔打算住幾天？』

『四五天吧！』

『四五天時間不長，不宜走得太遠，祇能在武漢三鎮找。』

『就在武漢三鎮吧，近一點，萬一有個緊急事，可很快趕回衙門。』

大根摸着頭頂想了半天說：『我看就到歸元寺去吧！』

『不行，歸元寺進香拜佛的人多，吵鬧。』

大根大大咧咧說：『跟方丈說一聲，這幾天不讓人來進香就行了。』

『那怎麼行！』張之洞不悅地說，『進香拜佛是善男信女的心願，也是歸元寺的財源。因我住那裏而折了世人的心願，斷了和尚的財源，那我不遭人唾駡？歸元寺決不能去。』

『那就去晴川閣好了。』大根終於想起了一個好地方。『那裏風景好，安靜，遊人又少，不會影響別人。』

『晴川閣倒是不錯，明天一早你先去看看，跟管閣子的人說好，租一間乾淨的小房子，先租五天。這五天的茶飯也請他們做，走時照付。後天一早，我們就去。』

第二天，張之洞料理了一些必辦的公事後，告訴總巡捕，要去晴川閣住幾天，有要事可去那裏找他。

翌日上午，張之洞僅帶着大根一人，悄悄地來到晴川閣，住進一間打掃得乾乾淨淨的小房間。

自從那年宴請俄皇太子後，張之洞再也沒來過此地了。

晴川閣果然不虧待文人學士。張之洞一坐下來，在江風濤聲、山氣鳥語的感染下，文思倏然間便如泉水般地湧冒出來，仿佛當年在翰林院做學士似的，有一種奔放欲出不可遏制的衝動。世受國恩、身爲疆吏獲得過皇家格外恩寵的張之洞，不論是出自內心的情感還是爲了今後政治的需要，他都情不自已地要歌頌大清朝的德政，希望天下臣工百姓如葵花向陽般地仰望太后皇上，擁戴朝廷，巴望大清

王朝能固若金湯，萬古千秋傳下去。作爲一個生於世代書香家庭，從小浸泡於儒家典籍之中，做過多年學政，寫過不少代聖人立言文章的士人，張之洞對周公之禮、孔孟之學發自內心的頂禮膜拜、五體投地。無論是表明自己的名教皈依，還是公開與康有爲等人劃清學術分野，以免珠目相混、魚龍相雜，他都要藉此機會向世人説個清楚。

於是，在江山如畫的龜山禹功磯上，在安謐祥和的晴川閣净室裏，張之洞日以繼夜地揮筆疾書：

一曰保國家，一曰保聖教，一曰保華種，保種必須保教，保教必須保國。

今日時局，惟以激發忠愛、講求富强、尊朝廷、衛社稷爲第一義。

自漢唐以來，國家愛民之厚未有過於我聖清者也。

王化之要，百行之原，相傳數千年更無異義，聖人所以爲聖人，中國所以爲中國，實在於此。

故知君權之綱，則民權之説不可行也；知父子之綱，則父子同罪、免喪、廢祀之説不可行也；知夫婦之綱，則男女平權之説不可行也。漢輿之初，曲學阿世，以冀立學，哀平之際，造讖益緯，以媚巨奸，於是非常可怪之論蓋多，如文王受命，孔子稱王之類。此非七十子之説，乃秦漢經生之説也，而説《公羊春秋》者爲尤甚。

張之洞認爲，這些都是屬於務本的範圍，而『本』之悟，全靠的中國學問的熏陶，西洋學問是不可能教授的，甚至有大相抵觸之處。無論是兩湖書院的學子，還是天底下求學求知的年輕人，都應該深知此本不可動揺，不可移易。

儻若丢掉了這個本，何以爲中國之人？無論是朝廷內外的官吏，還是準備進入仕途的士人，都應該加深對『本』的認識，絶不能在西學東漸的時候，迷亂心性，失卻方向，忘祖而背本。苟不若此，則中國將何以爲中國？

第十六章　中體西用

他對自己的這些議論很滿意，於是開始寫西學部分。外放晉撫，尤其是擢升粤督以來，他也保境安民，也興利除弊，這些其實與其他督撫都無異處。這些年來與衆不同的，或許説他張之洞之所以成爲天下矚目的原因，就在於他重西學辦洋務。可以説，他後半生的心血和事業就在於此。毫無疑問，張之洞對洋務、對西學是深有感情的，認定洋務和西學是致中國於自强的惟一法寶。中國衹有堅持這個定見，纔有可能躋身世界强國。他多麽希望太后皇上也能有這個定見，堅定不移地在中國大辦洋務，倡導西學。他多麽希望十八省督撫和各級官員都能像他這樣，在自己管轄的省府州內辦洋務局廠，辦新式學堂，同心合力地走在這條使國家早日富强的康莊大道上。可惜，許多人囿於陳見，没有這個認識；也有不少人認識到這點，但鑒於在中國辦新事的千難萬難，遂失去了實幹的豪氣。還有一些人，因爲洋務和西學要影響到他們的既得利益，於是千方百計地干擾阻擋。這些都已是障礙和困難了，但更令人擔憂的是，現在竟有一批人，在這個時候提出類似於易鼐那樣駭人聽聞的言論來，還有康有爲、梁啓超之輩，本是難得的新式人才，却偏要鼓吹公羊，倡論民權。他們難道真的不明白，這是在向六經挑戰，與朝廷争權嗎？好好的一個師夷之長技以制夷的局面，將有可能被這些邪説給毁了，自己有這個責任將中國辦洋務行西學之舉導向正確的途徑。

滾滾東逝的長江水，習習暖人的楊柳風，伴隨着張之洞爲《勸學篇》續寫了一系列篇章：

《益智》：夫政刑兵食，國勢邦交，士之智也；種宜土化，農具糞料，農之智也；機器之用，物化之學，工之智也；訪新地，創新貨，察人情之好惡，較各國之息耗，商之智也；船械營壘，測

繪工程，兵之智也。此教養自強之實政也，非所謂奇技淫巧也。

《遊學》：出洋一年勝於讀西書五年，此趙營平『百聞不如一見』之説也。入外國學堂一年勝於中國學堂三年，此孟子『置之莊嶽』之説也。

《設學》：天下非廣設學堂不可，京師省會爲大學堂，道府爲中學堂，州縣爲小學堂。學堂宜中西兼學，中學爲體，西學爲用。且宜政藝兼學。學校、地理、度支、賦稅、武備、律例、勸工、通商，西政也。算、繪、礦、醫、聲、光、化、電，西藝也。大抵救時之計，謀國之方，政尤急於藝。

《廣譯》：譯書之法有三：一，各省多設譯書局；一，出使大臣訪其國之要書而選擇之；一，上海有力書賈、好事文人，廣譯西書出售，主人得其名，天下得其用。

第五天下午，《勸學篇》已寫成二萬多字的大文章了，雖尚有不少言未盡意者，但大體上已將自己心目中的中學西學先後次序本體通用的關係理了一個頭緒。想説的話也大致説了，不能離開督署太久，許多公務還在等着辦哩。張之洞吩咐大根去結賬付錢，待衙門的馬車到後即離開晴川閣。

一會兒，大根帶着一個六十多歲的老頭走了進來。那老頭見了張之洞便拜，一邊説：『小人不知您是總督大人，這些天來多有怠慢，請大人多多寬恕。』

張之洞説：『起來，不要磕頭。』

待老頭站起來後，又問：『你怎麽知道我是總督？』

老頭指着大根説：『剛纔這位大哥來結賬時説的。晴川閣真正有幸，讓總督大人在這裏一住就是

第十六章　中體西用

五天，衹怪我這個糟老頭子老眼昏花，沒有認出大人來，招待不好，多有得罪。』

張之洞笑問：『你在這裏做些什麽事？』

老頭答：『看管晴川閣的房子，做些打掃、擦洗的事。』

『就你一個人？』

『加上老伴，兩個人。』

『聽你的口音，不大像此地人。你老家在哪兒？』

張之洞因文章寫完了，心情較爲寬鬆，遂跟他多聊了幾句。

『小人是江西九江人。』

『怎麽到漢陽來了？』

『小人三十年前教的一個學生，如今在漢陽縣做訓導。他憐小人年老無兒女，便介紹到晴川閣來，混口飯喫。』

『你這個學生倒還不錯，如今出息了，還記得三十年前的先生。』張之洞習慣性地摸着鬍鬚。『一個月有多少收入？』

老頭伸出三個指頭來：『三吊半。』

『三吊半的薪水，能過日子嗎？』

『省喫儉用，勉強還可對付。衹是不能有個三病兩痛，生起病來，那就沒錢請郎中了。』

張之洞看這老頭是個本分的人，便説：『本督給你指個生財之道，你在晴川閣裏賣點茶水瓜菓如何？』

老頭臉上有了一絲笑意說：『好是好，衹是遊客太少，賣不了幾個錢。』

張之洞一時興起，不覺抖出當年的名士氣派來：『老人家，本督成全你，你去拿兩張大紙和筆墨來，我爲晴川閣寫副對子，再要漢陽府派人將這對子刻在柱子上。這樣一來，你的客人就多了，茶館可以開起來了！』

老頭子喜出望外，忙從自己住的房子裏將筆墨紙硯搬了進來。

張之洞站在禹功磯上，眺望三楚大地這一派莽莽蒼蒼山河，看着身邊這位年老無依靠的本分讀書人，頓時生出一份鎮守江夏的自豪感、爲民父母的責任心來。一副楹聯在筆底出現：

東去大江，那堪淘盡英雄，彩筆尚留鸚鵡賦；

西望夏口，此水永消爭戰，霸圖休即犬豚兒。

老頭捧過墨汁未乾的對聯，口裏激動地說：『總督大人，您真是湖廣百姓的活菩薩呀！』

張之洞爲這句話高興得哈哈大笑起來：出自於普通百姓之口的話，纔是真正的民心呀！

第二天，他將已成初稿的《勸學篇》送給鹿傳霖看。鹿傳霖看後說：『寫得不錯，尤其是尊朝廷衛社稷和稱頌大清深仁厚澤這幾段寫得最好，太后皇上都會愛聽。這應是大家共同遵守的基點，無論中學西學，無論新政舊政，都要尊朝廷衛社稷，這話從你的口中說出來就作用更大。今後無論是新派掌權，還是舊派執政，你都萬無一失。』

張之洞說：『這是我一貫的主張，我不想別人因我辦洋務，就說我是崇洋媚外，想用外國的一切來替代中國。那其實也是做不到的。你看還有哪些不足或忽略的地方嗎？』

『西學我不懂，舊學多少知道一點。談舊學這一節，我提幾點建議吧！』

張之洞笑道：『你是宿儒，你多多指正。』

『講舊學，還是你在行。我衹是點一點而已。』鹿傳霖翻了翻手中的《勸學篇》初稿。『其實，你過去寫的《輶軒語》和《書目答問》裏都提到了。但你既然把舊學當根本之務提出來，不能不再扼要地爲年輕學子們說幾句入中國學問之門的途徑，其要在兩點，一曰循序，先經次史後子集，待中國學問初通之後，再擇西學以補闕。』

『很好。』張之洞輕輕擊掌。

『其次在守約。』鹿傳霖侃侃而談，『中國學問浩如煙海，若見一本讀一本，這一輩子光讀書還讀不完，豈能做事？所以要守約，擇其重要者而讀。你的《書目答問》爲學子開了二千多種書目，你可在此基礎上，再從中遴選出五六十本至一百本最重要的書來。』

『這個主意好！』張之洞連連點頭。

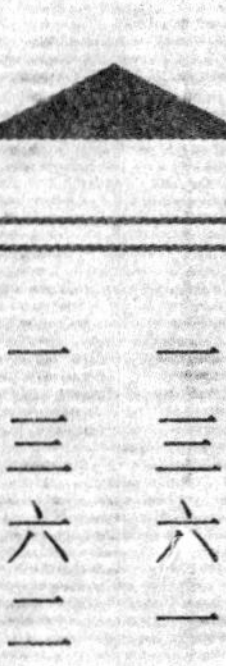

『以我的經驗，十五歲之前，通《孝經》、「四書」「五經」及唐宋人之曉暢文字。十五歲時開始讀經史諸子、輿地小學各門，美質者五年可通，中材者十年也可了。二十或二十五以後，可專力講求時政，旁及西法，若有好古精研不騖功名、終身爲專門之學者，那又自當別論了。』

『行，我再增加兩個章節，就用你的題目：循序，守約。』

『還有一點，本不是學問內的事，但我想藉你的大作來驚世警俗。我想你會與我持同樣看法的。』

張之洞認真地問：『何事？』

『禁煙！』鹿傳霖口氣堅定地說，『此事，早在道光年間，林文忠公便大舉禁絕過，十幾年前你在山西又繼續了林文忠公的事業，這些年來我在陝西、四川做督撫，依然要花大力氣做這事。香濤，這

鴉片不禁，中國將有亡國滅種之禍，什麼中學西學，體用本通之類的話，一概都不用說了。在今日中國，此爲國家第一號大事。』

够不够得上國家第一號大事，張之洞與鹿傳霖尚有分歧，但禁煙確是國事中的大事之一樁。對於力禁鴉片的前晉撫來說，這個認識始終是明晰的。雖然不能屬於學問之一門，但從國本的角度上也是可說的。

『好，接受你的建議，再添一節：去毒。』

鹿傳霖滿意地站起身來：『如此，你的《勸學篇》就完滿了。』

送走鹿傳霖後，張之洞想：古人說集思廣益，此話不假，鹿傳霖的這些建議就很有益處，不如再讓幾個人看看，提提意見，修改修改，就更臻完美了。他首先想起的便是引出這篇作品的梁鼎芬來。

梁鼎芬將大根送來的《勸學篇》仔仔細細地看了兩三遍，又搜腸刮肚地思考大半天後來到總督衙門，當面向張之洞陳述了自己的看法。

『香帥的《勸學篇》一經刊印，必然警醒當世，嘉惠萬代。兩湖書院的學子如有幸最早聆聽你的這些良言，福莫大焉！』

梁鼎芬一開口，便給張之洞的這篇長文予以高不可攀的總體評價。張之洞聽了，却並沒有多少喜形於色的表現。他知道梁鼎芬一向愛在他的面前說好聽的話，通常他都是樂於聽這種頌辭的，有時候也會覺得梁鼎芬有點言過其實，不過轉念又想：自己辦的事向來都是深思熟慮的，少有別人可指摘之處；再說，一個好漢還須三個幫，一面響鑼也應有四處應，未必還要一些專跟你作對的人在身邊？當然要聽話的，要順從的人纔好。這樣，他跟梁鼎芬不覺日趨親密。梁鼎芬一年到頭，在兩湖書院的日

第十六章 中體西用

子少，在總督衙門裏的日子反而多些。武昌知府年近七十，致仕養老已迫眉睫，梁鼎芬多次有意無意地流露出想接替這個位置的念頭，張之洞也有意無意地表示可以考慮，惹得梁鼎芬跟總督屁股後面更緊了。

『你不要說空話，有什麼根據？』

『當然有根據，香帥。』梁鼎芬滿臉都是笑容。『晚生看這篇《勸學篇》首在持論平正，於中西之學新舊之政不持成見偏見，一秉大公，無論新派舊派都能接受。這是一個方面。最重要的還在於香帥將中學和西學最核心的作用以及它們之間的主次關係用八個字作了最爲簡要最爲明了的概括，這就是您在《設學》一節中所說的「中學爲體，西學爲用」。這八個字，真可謂金科玉律，金聲玉振，治學之寶，治國之綱。這個首創之功將不可估量。』

張之洞笑道：『你看中了「中學爲體，西學爲用」這八個字，這也算是你的眼力吧。不過，這八個字是別人提出的，我不能掠人之美。兩年多前，我在江寧時，江蘇一個候補道吳之榛跟我寫了一封信，他準備在蘇州創辦一所中西合璧的學校，並提出「中學爲體，西學爲用」的辦學宗旨，我很欣賞這兩句話，就套用過來了。』

梁鼎芬雖略有點失望，但他很會說話：『常言說人微言輕，一個候補道的這兩句話能有什麼影響，一經香帥提出，那就有天地之別了。太后皇上會知道，文武大臣會知道，各級官員和普天下的百姓都會知道，它就可以變爲國策，化爲全國上下的共同見識。這個功勞有多大！從今往後，大家都是從你的《勸學篇》裏得知這兩句話，首創之功非你莫屬了。』

『哈哈……』

張之洞得意地大笑起來。

『你莫祇說好聽的，提點不足之處。』笑完後，張之洞認真地說。

『香帥文章天下第一。慮事之精密，也世間少有，這部《勸學篇》更是您的心血之作，本不容卑職置喙。但卑職想香帥這部書，必將成爲大清的治國之綱，眼下國家所要辦的新政大事，如鐵路、礦冶、局廠、練兵等，香帥都親手辦理過，有許多局外人不能得到的體會和見解，若能把它寫出來，對太后皇上來說是個很好的參考。』

張之洞說：『你這個建議好是好，祇是六天没辦事，案牘又堆積盈尺了，抽不出空來。』

梁鼎芬想了一下說：『有個辦法，可叫徐建寅、念礽他們先起個草。他們是專門家，熟悉，要他們先寫個一兩千字出來，由您來删改定稿。如此可爲您節省一些精力。』

『好，接受你的建議，就請你代我去辦這事。請徐建寅寫礦學一節，梁敦彥寫鐵路一節，念礽寫工商一節，練兵一節無人寫，可惜仁梃不在了，由他來寫是最合適的。』

提起仁梃，張之洞的胸口有點堵悶。兒媳已守寡近兩年，不能讓她做一輩子孀婦，今後宜尋一個合適的人嫁出去纔是。這樣方可對得起孝順的媳婦和自己的老友桑治平。

『練兵一節可請張彪先擬個草稿。』

『張彪！他能寫嗎？』

當年大根的拜把兄弟張彪從山西投到廣東，張之洞將他安置在督標營，後又隨着來到武昌，先在親兵營做個把總。多年來，也還知上進，積年遷升，現已做了親兵營的都司，武功不錯，祇是從小失學，文墨不行。

『香帥不知道，這幾年張彪自己漂筆，早已識字斷文，偶爾寫出封信函來，也還通順。叫他將湖北練兵章法如實寫出，我再替他潤色，然後送給你，當個材料用也好嘛！』

『也好，他當了多年的親兵營都司，洋槍洋砲使過，德國兵操也練過，讓他先寫個草稿，也是對他一個提高。你一併去告訴他。叫他們四個人三天之内每人給我交兩千字。』

三天後，陳、徐、梁、張如期交來自己的文稿，張之洞一一審讀增删，比起全由自己從無到有的構思草擬來，確實省了不少的心思。

正在閲讀之際，辜鴻銘闖了進來。

『香帥，大家都爲你的《勸學篇》作貢獻，就連張彪都提起筆來。你就不叫我也寫一寫，你是嫌我中國學問没學通，還是嫌我没有專門知識？』

張之洞放下筆，望着辜鴻銘頗有點激動的面容，問：『我的《勸學篇》底稿，你也看到了？』

辜鴻銘不滿地說：『闔署上下都在誦讀，我能不看到嗎？』

張之洞驚道：『怎麽闔署上下都在誦讀了，這還是草稿哩！』

『這樣精彩的文字，怎會不傳誦呢？徐建寅、梁敦彥很神氣，說他們也寫了一段，今後可以附驥尾而至千里。香帥，你太小看我了！』

張之洞心裏很得意，臉上却冷冷的，說：『先不要說小看不小看的怪話。你給我的草稿提提意見，提得好，我自然也會讓你附附驥尾。』

辜鴻銘說：『提就提吧。我看你的《勸學篇》分爲兩個部分，前部分談的務本的事，有類似《莊子》的内篇，後部分說的是通用，類似於《莊子》的外篇。』

以《莊子》的內外篇來看待《勸學篇》的本、用兩個部分，目光犀利，比方得也恰當，看來辜鴻銘的中國學問已到了不可小覷的地步。張之洞的雙眼中開始流露出笑意。

『《莊子》內篇七章，出自莊子手筆，外篇和雜篇是莊子和其門人共同的著作。今日《勸學篇》的外篇除你本人外，已加入了徐、梁等人的文章，後世學者，也可將外篇視爲香帥及其門人的合著。』

這一點，張之洞倒的確沒想到，經辜鴻銘這一提醒，也確乎有幾分像。張之洞的笑容從眼中流到了臉上。

『如果香帥同意的話，我可以關起門來，寫個十天半個月，弄出七八篇來，爲《勸學篇》補個雜篇如何？』

張之洞笑出聲來，說：『湯生，你的想法倒是好，衹是這《勸學篇》是決不能跟《莊子》相比擬的。且不說見解上的差別，光是文風，那一派汪洋恣肆、恢詭瓌麗，哪裏是後世人可以學得到的！莊子是前無古人，後無來者，我可不敢方駕攀比。』

辜鴻銘說：『你不去比《莊子》三十三篇也可以，但我爲你補個雜篇總是可以的吧！』

張之洞拿這個怪才也無法。他還真怕辜鴻銘去弄個雜篇出來，那纔叫人哭笑不得，衹好說：『你看還有哪些不足，把外篇再補充一下是可以的，雜篇就不必了。』

『我看至少有兩個章節可以補上。』辜鴻銘激動地說，『一個是變法，一個是廢科舉。不過，這都不是我的主張，都是你自己多次與我們閒聊天時說過。你常說中國要自强，有兩個攔路石不可不搬掉，一是不合時宜的律令法規，一是誤人子弟的科舉考試。爲何這兩個非常好的想法不在《勸學篇》裏寫出來呢？是因爲怕被人誤解，遭人反對嗎？』

辜鴻銘兩隻灰藍色的眼睛，猶如半夜時猫頭鷹的雙目一樣，直勾勾地盯着張之洞，真把這位强悍的湖廣總督盯得心裏微微發起慌來。

辜鴻銘的這兩句問話，一針見血擊中要害。張之洞在寫通用篇章的時候，確實想到過變法與廢科舉兩件事，但最終還是沒有寫。現在有人在變法的名義下要否定祖宗傳下來的家法，要設議院行民權，如果自己也大談變法，很可能會授人以柄。至於科舉考試，更是國內數十萬讀書人的進身之階。廢除科舉，不等於撤了他們的登天梯？

『香帥，丈夫行事，當以大義爲重。苟利國家，雖千百人反對，必趨之；苟害社稷，雖千百人擁護，必避之。弊法不去，科舉不廢，中國決無指望。香帥，這兩章，就由我來替你起草吧，儻若遭人指責，我挺身而出承擔。』

張之洞爲辜鴻銘的這種氣概所感動，但又爲他的天真而好笑，既算作我張之洞的《勸學篇》外篇，出了事自然由我張某人承擔，怎會輪到你的頭上？他笑了笑說：『好吧，我嘉獎你的志氣，這兩個章節就交給你了。也限你三天時間，不要過多發議論，也不超過兩千字。』

辜鴻銘欣喜萬分：『謹受命。』

正要轉身出門，張之洞又叫住了他：『你要注意，寫變法一章時，要特別强調倫理、聖道、心術不可變，要變的衹是法制、器械、工藝；廢科舉一章，要把朱子和歐陽修兩位先賢關於更改科舉的言論找出來作爲附件，如此纔更增加説服力。』

在張之洞和他的幕僚們共同參與下，一篇長達四萬餘字的大文章《勸學篇》，終於幾經增删而成文了。張之洞將它寄給陳寶箴，要陳在長沙的《湘報》上連日刊登出來。陳寶箴正擔心《湘報》遭王先

謙、葉德輝等人的反對辦不下去的時候，得到了這篇大文，好比即將乾涸的小溪來了一股源源不斷的山泉，立時又生機恢復。他指令《湘報》每天騰出第一版的重要位置來，刊登《勸學篇》。一連十天，《勸學篇》登載完畢。果然不出所料，此篇長文在海內引起巨大的反響，除極個別執拗偏激的人認爲張之洞是在有意做和事佬外，絕大多數人都認爲此文立論公允，態度平和，就連最擔心招士人反感的廢科舉一節，也没有見人公開發表反駁的文章。五月初，張之洞收到已任江寧藩司的袁昶的來信。袁昶除和許多人一樣地稱讚該文外，還特別高瞻遠矚地指出：在今後很長一段的年月裏，中國都會面臨着西學與中學、西藝與中藝、西政與中政等一系列的衝突，這種衝突可概括爲中西碰撞。老師所提出的『中體西用』的設想，不僅解決了中學西學之間關係如何處理的難題，而且爲調和中西碰撞揭示了一條萬世不易的經則，那就是中國本土所產生的經過千百代所驗證的好的傳統永遠是體，外來的被彼國所證實有用的東西，永遠衹能是爲我所用。其目標，則是衛我邦本，固我國體。又表示，要用自己的積蓄出版《勸學篇》，刷印三百部，上呈朝廷，並分贈各級官府和學堂，既報師恩又效力國家。

張之洞欣然同意，並寄出二千兩銀子，請袁昶代爲張羅。

很快，三百部《勸學篇》便裝訂成册了。張之洞指示袁昶寄五十部到北京兒子張仁權處，再存五十部於袁處，以便分送兩江同寅，然後再送二百部到武昌，由他本人親自贈人。

仁權收到書後，與楊鋭、楊深秀等人商量如何纔能到達太后、皇上處。楊鋭説：『黄紹箕在南書房當差，可請他帶上兩部，當面呈給皇上，並請皇上轉呈一部給太后。』

黄紹箕是黄體芳的兒子。黄體芳當年與張之洞同列京師清流黨，關係甚爲親密。黄紹箕在未進翰林院時，曾在張之洞幕府裏做過事。通過這條路上達天聽，自然是最好的。没有幾天，《勸學篇》便到了光緒皇帝的手中。光緒愛不釋手，一天便通讀完畢，然後親自擬了一道諭旨：

《勸學篇》内外各篇，朕詳細披覽，持論平正，於學術人心，大有裨益。著將所備副本四十部，由軍機處頒發各省督撫學政各一部，俾得廣爲刊佈，實力勸導，以重名教而杜危言。

就在光緒親頒《勸學篇》後第四天，中國近代史上最爲熱鬧壯烈的大劇，正式拉開它的帷幕。

第十七章　血濺變法

一　六十九歲壽誕這天，《詔定國是》的起草者翁同龢被削去一切職務，驅逐出朝

光緒二十四年四月二十三日，根據御史楊深秀、侍讀學士徐致靖的奏章，光緒召集全體軍機大臣，下詔定國是，向全國官吏百姓宣佈變法維新。

由翁同龢擬稿的這份詔書，是古往今來中國帝王文告中少見的開明之作。詔書以清晰明白的語言，表達光緒願與天下臣民共圖新政以挽時局的決心：

朕維國是不定，則號令不行，及其流弊，必致門户紛爭，互相水火，徒蹈宋明積習，於時政毫無裨益。即以中國大經大法而論，五帝三王，不相沿襲，譬以冬裘夏葛，勢不兩存。因特明白宣示，嗣後中外大小諸臣，自王公以及士庶，各宜努力向上，發憤爲雄，以聖賢義理之學植其根本，又須博採西學之切於時務者實力講求，以救空疏迂謬之弊。

這份詔書經在京提塘官的星夜加急傳遞及京報上的登載，很快便傳遍全國，引起朝野巨大的震動。一向沈悶閉塞、安於現狀的九州大地，突然間如同燒起一堆衝天大火，頓時噼噼啪啪、紅紅火火地鬧騰起來。

詔書下達的第二天，徐致靖奏保康有爲、張元濟、黃遵憲、譚嗣同、梁啓超五人。認爲這五個人均爲忠肝義膽、碩學遠識，是維新救時之大才，宜破格委任，以輔佐皇上行新政而圖自强。

光緒立即批准這道奏章，命康有爲、張元濟預備召見，黃遵憲、譚嗣同、梁啓超火速進京，或交部引見，或由總理衙門察看具奏。

光緒將已批好的徐致靖奏章放在一旁，正要隨侍小太監下發給軍機處的時候，翁同龢進來了。

『皇上，剛纔園子裏來了人，太后請皇上明日上午去一趟園子，她有事要跟皇上說。』

聽了這話，光緒不由自主地顫栗了一下。光緒從小在慈禧威嚴的目光和呵斥聲中長大，對慈禧已有了一種習慣性的畏懼和疏離。他之所以不喜歡皇后，並非因爲皇后本人的不好，實在是由於對皇后姑母的反感而引起。每當夏秋兩季，慈禧住頤和園時，光緒就仿佛有種摘掉枷鎖似的自由感，辦起事來格外有膽量，有信心。一到冬春兩季，慈禧回到宮裏，光緒就如同被一個濃重的陰影所罩住，整天怯怯的，辦事説話都提不起神來。變法維新已醞釀好長時間了，爲什麽選擇這時詔定國是，多半的原因，也是慈禧已離宮住園子的緣故。慈禧住園子時，光緒照例每月初一、十五兩大進園請安。明天既非初一，也不是十五，爲什麽要我進園子？一種不祥之兆浮上心頭，光緒臉上難得一見的興奮之色立時散失，恢復了素日的憔悴蒼白。

翁同龢將這一瞬間的變化看在眼裏，憐恤之情油然而生，心裏忍不住長長地嘆了一口氣，試着問：『太后是不是衝着詔定國是這件事來的？』

『不會吧。』光緒終於回過神來。『十五日請安時，我已禀報過太后。太后説她不反對維新變法，祇要能使國家富强，要我自己看着辦。』

翁同龢進一步問：『太后説這話時，神態如何？』

光緒想了想：『跟往常請安時説話的神態差不多，沒見她高興，也沒見她不高興。講了這兩句話

後，就說，沒別的事吧，沒別的事趕緊回宮去。今天譚鑫培進園子來唱《定軍山》，得去準備準備。我說沒別的事，就退出來了。』

翁同龢說：『皇上放寬心好了，也可能是太后想見見皇上，隨便聊聊，我陪皇上去。』

『翁師傅，明天是您的六十九歲壽辰，家人和親友都要來爲您祝壽，您就不要陪我了。』

翁同龢每年過生日這一天，光緒不僅記得，還會打發身邊的太監去翁家代他祝壽，並送上一份禮物。國家正處新政的開端，皇上日理萬機，晝夜不息，居然還記得他的生日，翁同龢心裏滾過一陣熱浪，語聲哽咽地說：『皇上萬幾之中尚記得老臣的賤辰，老臣感激莫名。老臣的賤辰可過可不過，陪皇上進園子覲見太后，却是萬不可缺的。』

光緒說：『也好，有翁師傅在身邊，我心裏就安定許多。我們今下午就動身，明天一早見過太后後就回城，不會誤了晚上的壽筵！』

翁同龢激動地說：『皇上太爲老臣着想了，老臣心裏真過意不去。』

黃昏時候，翁同龢一行陪同光緒來到頤和園，住進了仁壽殿。晚飯後散步時，翁同龢發現慶王奕劻、兵部尚書榮祿、軍機大臣剛毅都在園子裏住着，他覺得情況有點不大對頭。晚上，仁壽殿的小太監告訴他，八十歲的大學士徐桐已在園子裏住下四五天了。翁同龢聽到這個消息後，更覺意外。四十年前，徐桐和他同爲同治皇帝的師傅，此人迂執拘泥，與他性格上合不來。後來翁同龢出任光緒師傅，他沒有出任，於是與翁嫌隙更深。兩年前，他拜體仁閣大學士後，因年事太高，對朝廷上的事便一概不管了，平日裏閉門著書。徐桐恪守理學和祖宗家法，仇視西學，反對任何形式的變革，與倭仁一道被朝臣稱爲前後兩個有名的守舊大學士。

徐桐、奕劻、榮祿、剛毅，他們同時來到園子裏，究竟要做什麼？這個問題，在翁同龢的腦子裏盤旋大半個夜晚，他已隱隱感受到一股厚重的力量在壓着他，壓着他和皇上正在做的事業。

第二天一清早，光緒書房太監王鑒齋，按常規帶上一張五百兩銀票，來到樂壽堂向大總管李蓮英獻上，然後坐在小廊房裏，靜候李蓮英的安排。

有資格見到太后的文武官員，都必須向太后身邊的太監總管遞上紅包，按紅包裏的分量來安排召見的先後。慈禧還政住頤和園後，連皇上每次覲見也要遞紅包。這話聽起來有點類似海外奇談，却又是千真萬確的事實。晚清朝廷的腐敗到了這種程度，豈是維新變法便可以解決得了的？可惜，當年熱中於新政的光緒皇帝，並沒有意識到這一點。

待慈禧喫了早飯，遛了半個小時的圈子後，光緒奉命進殿拜見。

『坐吧。』光緒行完跪拜常禮後，慈禧面無表情地指了指炕床的另一邊。光緒挨着炕沿坐下，神情貫注地等待着皇額娘的慈諭。好長一會兒，不見慈禧開口，他偷眼望了望，衹見六十四歲的皇額娘，正專心致志地自個兒欣賞她近日剛打好的兩隻三寸長的金護指，不過眼睛和臉上却並不見一絲欣喜之色。

『皇額娘叫兒子來，有何賜教？』光緒終於忍不住了。

『定國是的詔書是誰擬的？』慈禧的眼睛依舊沒有離開金護指。

『是翁同龢。』光緒忐忑不安地回答。

『這樣的大事，爲何不事先跟我說說？』慈禧轉過臉來拖長着聲調，問話中分明有着很大的不滿。

『十五日請安時，兒子已請示過皇額娘。皇額娘說過，讓兒子自己作主。』光緒壯起膽子解釋。

『這話我是說過。』慈禧慢慢地說，聲調開始緩和些。『祖宗的江山我早已交給你了，又怎麼會來事事管着你呢？爲國家辦好事，我自然支持。你是一國之主，當然由你作主。但詔告天下，明定國是，這是何等大事，你却不事先跟我打聲招呼，你的眼中已没有我這個皇額娘了！』

光緒剛剛放鬆片刻的心緒又緊張起來，忙說：『皇額娘言重了。這事是兒子疏忽了，兒子向皇額娘請罪。』

慈禧臉上露出一絲霽色，說：『也不要請罪了。要維新，要變法，這一點我和你的想法是一樣的，你没有做錯。衹不過這是件祖宗没有做過的大事，我們娘兒倆都得穩當點纔好。你凡事多跟我商議，衹有好處，没有壞處。』

光緒趕緊說：『皇額娘教訓得是。除開初一、十五外，凡有大事，兒子都一定親來頤和園稟請皇額娘。』

『好，這我就放心了。』慈禧端起炕几上的温茶，抿了一口，說：『你昨兒個擬的徐致靖薦舉人才的摺子，就急了點。康有爲那個人，許多人不大放心，都說不能重用。』

光緒暗暗喫了一驚：徐致靖的摺子還没發下，太后怎麼就知道了？摺子尚未出宫時，衹有軍機處的大臣和章京纔看得到，莫非是剛毅搶先稟告了太后？對於那些心中衹有太后，而没有他的老大臣們，光緒又氣又惱。他恨不得一夜之間全撤掉，換上一批年輕而原先職位低微的官員。

『稟告皇額娘，康有爲這個人雖有許多欠缺之處，但對外面的情況熟悉，對新政新法很有研究。皇額娘教導過兒子，用人如用器，兒子用康有爲衹是用其器長而已。』

慈禧找不出别的理由來反駁光緒的話，停了一會兒說：『你用康有爲、梁啓超這些人，我也不阻擋你，衹是有一點要注意，今後任命文武二品以上的大員，擬旨前要跟我說說。他們上任前，到園子來跟我見見面。這不是皇額娘在干預你，這是幫你慎選大臣，爲的是祖宗的江山。你要明白這點。』

光緒明知這是太后在干預他的天子之權，但幾十年來形成的恐懼心理，使他不能對她有任何的違抗，衹能違心地說：『兒子知道，皇額娘一切都是爲了兒子，爲了祖宗江山。今後凡有二品以上的文武大員的任命，兒子都按皇額娘剛纔說的辦。』

慈禧又說：『榮禄這人，文宗爺當年就稱讚他能幹。十多年過去了，我看他不但能幹而且忠實，是咱們滿員中的佼佼者。他做過多年的西安將軍，懂軍務，我想叫他做直隸總督，領北洋大臣。京畿重地，是要一個能幹而忠實的自家人纔放得心。你看怎樣？』

慈禧用的雖是商量的口氣，但光緒知道，這就是她的決定，是絶不能反駁的。何況榮禄做直督兼北洋大臣，無論從資歷、地位來說，也是合適的。光緒找不出反對的理由，遂說：『皇額娘看準的人自然没錯，衹是現任直督王文韶如何安排？』

慈禧說：『先調他進京來陛見，在賢良寺住着，再慢慢來安置，或軍機，或六部都可以。』

光緒想：臨時叫自己來園子，大概就是爲着榮禄的直督事吧。翁師傅還得趕緊回城，家裏還在等他這個壽星爺哩。

『皇額娘，這些天起居都還如常嗎？』

『都還好，我是個無事一身輕的人。你如今在做着大事，比往日更忙，倒是要多多保重。』

『保重』這樣的話，每次覲見時，慈禧都要說上一句，已成没有感情色彩的套話，不過今天，慈禧在『保重』前面又加了幾句，使光緒覺得這兩個字上多少帶有了一點温情，便說：『兒子年輕，多點

第十七章　血泪变法

事不要緊，皇額娘春秋已高，更須珍攝。』

說完這句話，光緒起身：『若皇額娘無別的吩咐，兒子這就告辭了。』

『慢點。』慈禧並沒叫光緒再坐下，隨手從炕几上抽出幾份奏摺，在光緒的眼前搖了兩下。『這是徐桐、剛毅和安徽藩司于蔭霖、御史文悌等人參劾翁同龢的摺子。』

光緒噢了一驚，見慈禧並沒有叫他看摺子的意思，不敢主動從她手裏去拿。慈禧將摺子晃了兩下後又擱到炕几上，繼續說：『他們參劾翁同龢近來辦事多有悖謬，不能勝任樞機要職，宜回籍養老。我看他們說得有道理。』

見光緒呆呆地站立着，不言不語，慈禧輕輕地嘆息一聲，口氣變得少有的溫婉起來：『翁同龢這人，我觀察多年了，發現他近幾年來有專權仗勢、不安本分的跡象。就拿甲午年的事來說吧，咱們底子本薄，他不是不知道，却硬要與東洋人拚命，結果辛辛苦苦辦了十多年的北洋水師全軍覆沒，到頭來他把責任都推到李鴻章身上去了。李鴻章也可憐，衹得背下這黑鍋。誰該打多少板子，咱們娘兒倆心裏要有數。去年膠州灣鬧事，是你派他去跟德國人談判的。他不好好談，跟人家鬧崩了。你四五次命他繼續談，他居然可以抗旨不去。這事兒，滿朝文武都看不過意去。都說，咱們大清朝還沒有與皇上硬頂的大臣哩！當年肅順那樣跋扈，在文宗爺面前還是服服帖帖的。翁同龢這樣下去，不會比肅順走得還遠嗎？』

慈禧一個勁地數落着翁同龢的不是，光緒手心裏的汗水越來越多。他尋思着要爲師傅辯護幾句，却又在太后的氣勢下失去了勇氣。光緒在心裏痛恨自己的懦弱和無能。

『你六伯病危時特爲跟我說過，翁同龢不可當重任，又鄭重薦舉榮禄。你六伯父當國三十多年，到

底是老成謀國，閱人有識呀！』

原來那天伯父單獨跟太后談的就是這個事呀，光緒頓覺有一股泰山般的重力向他壓來。伯父已死，他講没講過這話已無法對證，但太后要將翁師傅開缺回籍的決心，看來已是鐵定而不可易移了。他鼓起極大的勇氣，緩緩地說：『翁師傅年歲大了，是有不如人意之處，請太后看他在上書房多年的情分上，寬恕他一次。』

『唉！』慈禧嘆口氣後，以更爲柔和的語調說：『你從小軟弱，比起你的哥哥來差遠了，我擔心的也是這點。翁同龢敢於抗旨，也就是看到了你的這個毛病。你還年輕，衹知情分而不知利害，像翁同龢這樣的人是不能留在身邊的。你要忍痛把他去掉，額娘這是爲你好！』

慈禧從炕几上又拿出一張摺起的紙來說：『這是我叫剛毅，以你名義擬的一道諭旨，你派人讀給翁同龢聽吧！』

說罷，遞到光緒的手裏。光緒將紙打開，赫然見上面寫着：

協辦大學士翁同龢近來辦事多不允協，以致衆論不服，屢經有人參奏，且每於召對時諮詢事件任意可否，喜怒見形於詞色，漸露攬權狂悖情狀，斷難勝任樞機之任。本應察明究辦，予以重懲，姑念其毓慶宫行走有年，不忍遽加嚴譴，翁同龢着即開缺回籍，以示保全。

光緒暈頭暈腦地看完這道用他的口氣寫的諭旨，一股悲愴之情充塞他的胸臆。這完全不是自己的意思，却要用自己的名義來表叙，而且還要當着翁師傅的面宣讀。這種委屈連一個普通的血性男子都不能忍受，何況自己堂堂九五之尊，當今的萬歲爺！一股濃重的羞辱感佈滿他的全身。就是從這一刻開始，年輕的光緒皇帝，下定死決心要用史無前例的手段和速度，加快進行維新變法，奪回被太

甚爲不滿，多次在太后面前説他的壞話。現在，太后、徐桐、榮祿、剛毅等人出於各種公隙私怨而達成一致，要扳倒他這位恭王去世後的軍機處實際領班，既衝他本人，也衝着正在興起的維新熱潮。

經過這樣的仔細思考，下半夜後，翁同龢纔開始慢慢平静下來。

凌晨時，天下起小雨來，翁同龢昏昏沈沈地起床盥洗，然後由僕人攙扶着，孤零零地來到東宫門。他明知皇上一時半刻還出不了園子，還是不聽僕人的勸告，冒着細雨跪在門外等候。他知道，這一别，很有可能再也見不到皇上了。從光緒元年起直到今天，二十四年來，他與皇上朝夕相處，除離開北京的日子外，幾乎無一天不見面。是他手把手地將皇上由什麽都不懂的幼童，培養成執掌大清江山的天子。

皇上的每一個脚印，都是他看着走過；皇上的每一處長進，都凝聚着他的心血。從今往後，他就要帶着巨大的耻辱南下常熟，與皇上天各一方。無論是個人的情感，還是共同的事業，翁同龢都感受到深巨的哀痛創傷。他生怕錯過了這個惟一的再見機會，因此他要大清早地冒着雨在此等候。他不是藉此表達自己的忠心，更不奢想以此來挽回慈禧的鐵石心腸，而是純粹出於一種對皇上的不舍之情。

直到辰正時分，光緒的車馬隊纔出園子。皇帝昨夜也是一夜未睡得安穩，快到東宫門時，他就急切地四處張望。他終於看到了，東宫門左邊楹柱邊，一個滿頭白髮、未戴帽子未着油衣的老頭子，正低着頭，跪在那裏。風吹着細雨，飄飄灑灑地落在他的身上。雖然已是四月下旬，但清晨的風雨依然是凉的，一個望七老人怎麽受得了？

聽到馬蹄車輪聲，翁同龢擡起頭來，兩隻昏花的老眼死死地盯着隊伍中間那駕爲安全起見有意圍上青布的寬大轎車。

『皇上，皇上！』轎車離東宫門還有三四丈遠時，翁同龢便嘶啞地喊起來。

光緒掀開轎簾，伸出半個頭來，呆呆地望着師傅，胸口堵着厚厚的悶氣，一句話也説不出來。

『皇上，皇上，老臣向皇上叩謝天恩！老臣就要離京回虞山老家。皇上，您要保重，您要保重呀！』

翁同龢一邊喊，一邊哭，一邊磕頭，悲愴的喊叫聲彌漫着風雨中的東宫門。

車馬隊快速地穿過大門，就在轎車從脚邊碾過的時候，翁同龢再次擡起頭來睁大眼睛望了一眼。他清楚地看見了皇上，看見皇上清瘦的臉龐上掛着兩串淚珠。翁同龢頓時暈了過去……

翁同龢回到家裏的時候，家裏依舊處在祝壽的喜慶氣氛中。昨天下午，由侄子狀元出身的内閣學士翁曾源出面，在家裏辦起了十桌壽筵，準備熱熱鬧鬧地爲三叔暖壽。直到天黑的時候，仍没有見壽星爺回府。大家都知道壽星爺是隨皇上去園子見太后，國事自然重於過生，遂都不在意。衆人興高采烈地頻頻舉盃，祝賀壽翁福星高照，健康長壽。

客人們直到夜深纔散去。第二天，翁氏家人及張謇等幾個最貼心的門生舊屬，仍在等候壽星爺的回來，準備當面向他拜壽祝賀。黄昏時，翁同龢一身疲倦、愁眉不展地進了大門，見四處紅燈高掛，壽幛滿目，他無限哀傷地擺了擺手，有氣無力地對侄兒説：『都撤了它吧，我要收拾行李，回常熟替你爺爺守墓去了。』

翁曾源和一旁的張謇大喫一驚，忙問何故。翁同龢一聲不吭，低首走進卧房，衣服鞋襪都没脱，倒床便睡。

翁曾源問僕人這是怎麽回事。

僕人哭喪着臉説：『大人平白無故地便給革了！』

真正是晴天一聲霹靂，偌大的一個相國府，立時處於一片驚恐與慌亂之中。翁曾源、張謇等人都湧進卧房，或問具體情形，或勸慰寬懷，翁同龢衹是摇頭嘆氣，並不多説話。

甲午年大魁天下的張謇，從老師的遭遇中看清了仕途黃粱夢的真相，更加堅定離開官場、走實業救國之路的志向。他安慰翁同龢：『恩師，不要太悲傷。過些天，我也要離京回江蘇。南通離常熟很近，我會常來看您的。我準備在南通辦蠶桑養殖業和紗廠，待事情粗有頭緒後，我就來接您去南通看看。』

翁同龢浮腫的臉上泛出一絲笑容來，正要説些什麽，突然大門外傳來一聲高叫：『王公公奉聖旨到！』

猶如滿天陰霾裏忽然綻開一綫亮光，翁府上下頓時一喜。翁同龢在侄兒和門生的陪同下走到中堂，跪下接旨。

王鑒齋高聲唱道：『奉皇上聖諭，賞翁同龢壽禮：人參六兩，紅棗二斤，掛面四斤，葛帽一頂，紗圍一襲。欽此！』

隨侍一旁的兩個小太監捧着壽禮來到翁同龢面前，翁曾源代三叔收下。人參通常不是壽禮，而是賜給榮歸故里的高齡大員的禮物。皇上送人參，顯然表明在他的眼裏，師傅不是革員，而是衣錦回鄉的功臣。翁同龢感激皇上的情誼，望天叩首：『臣翁同龢謝皇上天恩高厚，至死不忘皇上恩德！』説完站起，請王鑒齋坐下喝茶。

王鑒齋小聲説：『皇上要奴才特爲告訴相國，回籍後千萬要放寬胸襟保重身體，皇上會時刻記住您的。』

如一股春風吹拂，像一道晨曦照射，翁同龢積壓在胸中兩天來的憂鬱痛苦瞬時間化去了許多。他含着淚花，激動地對王鑒齋説：『請公公務必稟奏皇上，切莫爲老臣擔心，皇上自己要注意珍攝龍體。請皇上不管遇到多大阻力，都要把變法維新的大業推行下去，衹有行新政纔能救大清，衹有行新政纔會有皇上的一切！』

皇上没有革翁同龢的職，皇上依然在爲翁同龢祝壽，皇上在殷殷叮囑回籍的翁同龢。當翁曾源和張謇把這一情况告訴京師官場的時候，那些素日與翁同龢友善且支持變法的官員們心裏都清楚，是太后惱怒翁同龢。但太后高齡六十有四，皇上青春尚衹二十八，皇上今後的日子還長着哩。一旦太后山陵崩，也就是翁同龢東山再起的時候。於是，數日後，前門車站出現一場京城罕見的送别罷黜大員回籍的場面。

以孫家鼐、王文韶爲首的一批朝廷重臣，以盛昱、徐致靖爲首的一批六部九卿科道官員和以張謇爲代表的一批少年新進，還有國子監裏一部分關心國是熱心變革的士子，共五百來人聚集一起，與穿戴整齊心緒平和的翁同龢一一話别。

連李鴻章都打發他的兒子經方，持着他的親筆函前來送行。張謇更是當衆吟誦他專爲送老師回籍而作的一首七律：

蘭陵舊望漢廷尊，保傅艱危海内論。
潛絶孤懷成衆謗，去將微罪報殊恩。
青山居士初裁服，白髮中書未有園。
江南煙水好相見，七年前約故應温。

衆人祝願老相國一路平安，且寬心回家休息一段時期，過不了多久一定會重返都門。

翁同龢也抱着與衆人一樣的心思：遲早會回來的。他神態款款地與大家告别，雖略有傷感却是充滿着希望地踏上了南歸之路。他哪曾料到，百日後隨着變法的失敗，光緒的被囚，遠在常熟的翁同龢也跟着罪加一等：交付地方官嚴加看管，不許隨便走動。

從那以後，翁同龢便處於荆天棘地之中，再無出頭之日。八年後，一代名臣含恨去世，長留人間的並不是他數十年的師德相業，而是彌留之際那首催人淚下的五言小詩：

六十年中事，凄涼到蓋棺。
不將兩行泪，輕向汝曹彈。

二 奉旨進京的張之洞突然半途折回

翁同龢革職一事，不僅没有阻住光緒的變法，反而大大刺傷了光緒的自尊，他帶着亢奮甚至變態的情緒，以古往今來絶無僅有的決斷和激烈，快速推行他的新政。光緒這樣做，或許是想以霹靂手段來做救亡圖强的大業，也或許是不顧一切孤注一擲來維護他那遭到挫傷的帝王尊嚴。

他手不停筆地批示一道又一道的變革奏章，以異乎尋常的嚴厲口氣指責那些不理解不執行命令的高級官員。他號召天下臣民，人人都上書言變法事，這些書信可以直接向皇宫投遞，各級官府不得阻擋。他指示設置一個個新的官署，撤消一批批無事可做的衙門。他決定立即廢掉八股取士的老傳統，而代之以策論拔才的新做法。他要求各級官員向朝廷舉薦人才，以圖取代他十分厭惡的老邁昏朽之輩，恨不得一個早上將那些尸位素餐者全行罷黜。

光緒一系列異於常規的舉措，使青年後進歡欣鼓舞拍手稱快，也令舊派人士王公大員瞠目結舌，

不可理喻。

這時，經光緒御批，各省督撫將軍都已得到一册《勸學篇》。武昌又火速再寄八十册到京師，由張仁權、楊深秀、楊鋭代爲分送各大老及六部九卿、翰詹國子監等處。很快，《勸學篇》便在京中及各省垣傳播開來，無論新派舊派都與光緒有同感：持論公允，所議可行。

恭王去世，翁同龢革職回籍，禮王世鐸向不管事，軍機處缺少一個能定大計孚衆望的大臣，因着《勸學篇》的影響，新舊兩派都同時想到了張之洞，希望皇上能召張之洞進京，主持正在如火如荼進行的維新事業，將維新變法導入平順穩健的道路。

此中又尤以在小站訓練新建陸軍的袁世凱最爲積極。他不僅上奏章，而且在多種場合中宣稱，中國的新政衹有在張之洞這樣富有經驗、老成穩重的大臣執掌下，纔有可能獲得成功。放眼海内十八省，捨張之洞外，再無第二人合適。

在上下一片呼聲中，光緒親赴頤和園將内召張之洞的想法禀告太后，慈禧表示同意，於是一道『着張之洞即日進京陛見』的諭旨，便由北京遞到了武昌督署。

張之洞捧着這道聖旨，想起不久前楊鋭所説的『晉京大用』的話，心情大爲激動起來。晉京做什麽，諭旨並無説明，當此全國大力舉辦新政時期，從翁同龢革職軍機處缺乏首領人物的形勢來看，顯然是内調軍機處，翁同龢的協辦大學士空缺，十之八九將補這個缺。也就是説，這次陛見將意味着進京拜相，而這個相將是有職有權的實相。

二十多年了，等待着的不正是這一天嗎？張氏先祖世世代代所盼望於後人的最高境遇，不也就是

這種榮耀嗎？當年一句『湖廣地窄不足以迴旋』的奏語，被通國譏爲狂言，那麼，讓他們看看即將到來的事實吧！我張某人將要把湖廣一系列的維新事業推行到十八行省，到那時讓你們方纔知道做天下第一大文章的手筆，湖廣不過是小試牛刀而已。遊刃有餘地整治九州四海，纔是我的真正志向和本事！

張之洞帶着辜鴻銘、大根及環兒等一干隨行人員取道水路離開武昌，計劃先坐從英國進口的維多利亞號貨輪到上海，在上海轉日本江户丸北上，在天津塘沽港登岸，然後坐剛建好不久的京津路火車進北京，這是一條最爲便捷的路綫。如一切順利，不要二十天，便可陛見太后皇上。當年湖北考生進京應禮部試，至少一個半月，而且還要受盡舟車顛簸、風雨阻擋之苦。今昔對比，還不全是因爲輪船、鐵路所帶來的好處嗎？衹要不是昧着良心睁眼説瞎話，這洋務給國家帶來的變化，能否定得了嗎？衹可惜蘆漢鐵路尚未建好，這條鐵路今後修好後，從武昌到京城，衹需要四五天工夫。這在十年前，是連想都不敢想的事情呀！張之洞想，到京師後，要先把自己這次進京的經歷和體驗對所有的人説説，包括太后和皇上。就從此事説起，談西學和洋務的好處，使大家都消除顧慮同心同德，和朝廷一道在全國加快推行新政，早日使中國富强起來。

張之洞晉京陛見的消息，通過京報很快傳到各省。打聽到他走水路後，長江中下游的官府都在掐着指頭算日期：什麼時候維多利亞號能從本地通過。官場習慣，凡官員路過一個地方，當地品級相當或較低的官銜必須設宴款待，一盡地主之誼，二藉此聯絡聲氣以備日後之用。有朝中大員路過，那更是不敢稍有怠慢，進界迎，出境送，中途宴請陪伴，主人殷勤侍候，寸步不離，千方百計讓客人滿意舒坦。這種恭敬早已超過禮儀的規定，完全是出於功利上的目的。

大家都知道，張之洞此番進京，必定大用。沿途所經過的江西、安徽、江蘇原本和他就有舊屬之誼，這種時候，無親無故，還要攀三分情誼，何况名正言順地迎送老上司過境？正好趁此良機巴結討好，爲日後尋找朝中靠山預作鋪墊。於是，九江、安慶、江寧三地省級酒宴備極隆重，自然不在話下，連沿途的府縣也都空前的客氣。他們都乘着當地最好的船，由知府或知縣老爺帶領着一批官員和鄉紳賢達，早早地便在進入交界處江邊等着，遠遠地看見維多利亞號駛來，便飛快地駕船到江中迎候，然後登上輪船，向未來的宰輔跪拜行禮，獻上頌辭。

先前的張之洞一向輕車簡從，隨意通脱，不講排場，不重虛文，這些年來他慢慢地變了。長時期的前呼後擁，位高權重，使他已習慣於别人爲他準備的奢華排場。文治武功的成效，也使他本就自負的心更添一種睥睨天下、小視當今的外露情緒。他衹守着爲官不貪、爲臣不叛的兩道底綫，至於其它，早已不在他的顧忌之中了。於是，他也便以即將登臺的宰輔自居，人家獻媚地叫他中堂，他也不加拒絶，各種逾格的接待禮數，他也安之若素地領受。到了上海，已上任半年的漢陽鐵廠和蘆漢鐵路總公司督辦盛宣懷，更是使出他過去接待李鴻章的全副儀仗來迎接這位眼下的頂頭上司、未來的中樞重臣。

這天夜晚，張之洞從英國駐上海領事館，回到盛宣懷爲他準備的位於黄浦江的小洋樓。雖然已接連在這塊十里洋場上應酬了三天，他却没有疲乏之感，坐在厚實的牛皮沙發上，喝着環兒端上來的龍井香茶，心緒依然在亢奮之中。這位英國領事與盛宣懷關係極爲密切，得知張之洞途經上海後，便託盛宣懷竭力相邀，情緒甚好的湖廣總督接受了邀請，第一次來到洋人的公使館做客。公使館裏的五彩玻璃、猩紅毛地毯、雪亮高大的蓮花形吊頂燈、琥珀般的葡萄酒以及各種各樣名目繁多的菜肴糕點，

甚至連平日他不能接受的洋歌洋曲，此時，都令他舒心愜意。最使他心動不已的，是那幾個袒胸露臂、膚白如雪，却又舉止矜持高雅的公使館官員眷屬。張之洞實在敵不過她們的逼人美麗，顧不得總督的尊嚴，而常常目不轉睛地看着她們，回來再看環兒，一向貌美的小妾，仿佛突然成了燒火丫頭似的不中看。坐在沙發上的未來樞臣腦子裏驀地冒出一個念頭來：要不要悄悄地跟盛宣懷商量下，請他不露風聲地從英國買一名年輕貌美的女子來，再置一房洋妾？苟如此，則真的是人生一大樂事。正在意緒飄飄、神思渺渺的時候，大根走了進來，興奮地說：『四叔，桑先生來看你了。』

張之洞還未回過神來時，衹見桑治平從大根身後走出，雙手一拱：『香濤兄，你好哇！』

『是你呀，仲子兄！』張之洞站起身來，快步走上前，一把抓住桑治平的兩隻手，喜形於色地說，『真沒想到會在這裏看到你！兩年多不見了，你一切都還好嗎？』

說話間，把老友從頭到脚仔細地打量了一番。燈光下，分別兩年的桑治平氣色甚好，雖也是六十出頭的人了，却身板硬挺，雙目明亮，與在幕府時相比，仿佛更加精神清爽。

『快坐下，坐下，說說你這兩年的情況，我的那位親家母呢？也還好吧！』

張之洞拉着桑治平在另一張沙發上坐下，又吩咐大根：『快給桑先生泡盃好茶來！』

『想不到，不過一眨眼間，兩年多就過去了！』桑治平喝了一口茶後說，『那年我和秋菱離開武昌後，有兩個地方可去，一回我的故鄉洛陽，一是去廣東香山秋菱的二兒子家。後來我對秋菱說，既不回洛陽也不去香山，我帶着你換個樣子生活。』

『換個樣子，怎麽換法？』望着老友喜氣洋洋的臉龐，張之洞好奇地插話。

『咱們來個三江四海天地行。』桑治平爽朗地笑了起來，那笑容燦爛光明，就像春花秋月似的令人

第十七章 血濺變法

賞心悅目，決沒有官場衙門裏那種故作之態，張之洞心裏感嘆不已：走入造化中的老朋友，看起來的確有一番脱胎換骨般的變化。

『你帶着秋菱遊歷天下，重温三十年前的舊夢？』張之洞帶着頗爲羡慕的神態說。

『正是。』桑治平笑着說，『我對秋菱說，三十多年前，我雖有過五年遊歷天下的行動，那時一是爲尋找你，二是爲平生抱負的實現而體察民風。三十多年後，我與你携手同行，再來一次遊山玩水，這也是人生一大樂事，不亞於重宴鹿鳴。秋菱說，三十多年前你是一個小青年，翻山越嶺，不在話下，現在已過了花甲，還能跟當年相比嗎？我也是個五十多歲的老太婆了，也没有這個力氣陪你了。』

張之洞說：『秋菱說得對，豪興雖不減，到底是上了年紀，哪能再做這種年輕人的事呀！』

桑治平說：『秋菱的看法既有道理又不完全對。我對她說，當年是爲着目標，故有約束，而今是没有目標，自由自在。若說當年是壯遊的話，這次便是漫遊。僅這點，便大不相同。難處、險處、遠處不去；雨時、風時、冷時不去，身體不適時、情緒不好時也不去。我們光選那些風光好的地方、有文物古迹的地方去走走逛逛，一覺勞累便立刻歇息，待感覺好時再走。隨身帶銀票，走到哪喫到哪住到哪，豈不大好。秋菱同意了。』

『你們這纔是真正的遊覽！』一向酷愛山水的張之洞感嘆地說，『仲子兄，你所選擇的乃是神仙生活！這兩年遊了哪些地方？』

『這兩年間我們先在廬山住了半年，後又在徽州府九華山一帶住了將近一年。這半年之間，便在金陵、蘇州一帶盤桓。』

張之洞欣然一笑：『怪不得我看你一派仙風道骨，却原來盡得造化之精靈。這匡廬、九華與江南

乃上天賜給炎黃子孫的絕妙佳處，這兩年間都給你們佔有了。』

桑治平道：『這些地方誠然是好去處，你說的不錯。但好山好水，不僅衹在這裏，是處處都在的。過去讀蘇東坡的「山水本無主，得閒便是主」的話，體會不深。當年遊歷天下，是懷抱着大目標的，山水的精妙並未悟到。這次是完全徹底的無牽無掛、無功無利，方纔深深體會到好山好水，原來都是爲有閒人準備的。我們在遊覽途中，經常要路過無聲無名的小地方。在萬千人的眼中，它們無任何美可言，而在我們的眼裏，却分明覺得它們也自有值得珍惜之處，有時還越看越好、越看越愛，居然會停下來在那裏住上兩三天。』

說罷，桑治平開心地大笑起來。

『我慢慢體會到，東坡所說的「閒」字，不衹是身閒，更重要的是心閒。世上身閒的人很多，心閒的人很少，即便是普通百姓，他們也有自己的小九九，整天算來算去，一顆心也很難有閒靜的時候。』

張之洞靜靜地聽着，說：『你說得很有道理，像我這樣的人，一年到頭儘管有做不完的事，但空閒一兩天的情形，也是有的。衹是心閒不下來，手裏無事做的時候，心裏也總在想些什麽。人生最難得的，看來正是你所說的心閒。』

『我這兩年最大的收益，便是這「心閒」二字。』桑治平滿腔真誠地說，『過去讀陶淵明的飲酒詩，衹覺得很恬適舒愜，但對詩中的「山氣日夕佳，飛鳥相與還，此中有真意，欲辨已忘言」四句總是似懂非懂，對「真意」究竟是什麽，也一直不能琢磨透。』

『現在琢磨透了嗎？』

『現在也不能說就琢磨透了，衹是說比過去理解深了一步。』略停片刻，桑治平說，『我以爲，這個真意，就在「還」字上。鳥兒本是生長在樹林裏的，爲了覓取更多的食物，它們飛出林外，食物或許多覓了一些，但付出的代價更多。勞累奔波，一刻不能安寧，甚或誤入羅網，誤中箭矢，連命都丟了。太陽落山了，群鳥飛回山林。陶公見此情景，心中突然悟道：鳥在林中，不出外爭食，乃是鳥與人類共相生存的最佳狀態，也是宇宙間最爲和諧的狀態。一時迷誤，傍晚知返，也不失爲明智的選擇。這還歸山林，還歸平和，或許是陶公心中的真意。』

張之洞默默地點着頭，他心裏非常讚賞這個體悟，認可好友的這種人生選擇。但作爲朝廷的封疆大吏，作爲重任在肩的洋務力倡者，他不可能走桑治平的道路。相對沈默一會兒後，他轉了話題。

『念礽她媽怎樣？爲何没有跟你一起來看我？』

『秋菱這兩年是百病不生，身體越來越好了。她此刻正住在太湖邊的一個小村莊裏，我因爲要趕在你離開上海前見你一面，故獨自一人來了。』

張之洞說：『是的，說了半天的話，還没問你，你怎麽知道我這個時候正在上海？』

桑治平說：『你如今是朝野關注的大人物，何況你這次是奉召進京，京報上都有刊載，許多人都知道。早在半個月前我就聽說了，於是和秋菱趕到江寧城，在那裏等了你五天，估計你會那個時候過江寧。後聽說你還没下來，便和秋菱商量，乾脆再返回蘇州虎丘，直接到上海再見你。又託在江蘇巡撫衙門裏做事的朋友打聽。那個朋友說，你此行走得慢，估計月底纔會到上海。前兩天，一個朋友邀我到太湖邊去看新發現的奇石，在那裏聽說你已到了上海。就這樣，今天中午趕到滬上。打聽半天，纔知道你住此地。幸好，終於見到了你。』

張之洞爲老朋友的情義所感動，說：『你其實可以託在蘇撫衙門裏辦事的朋友，帶一封信給我，

我會派人來接你的，也省得你這樣操心費事。』

桑治平微微一笑說：『我是一個無官無職的布衣，不想沾官府的好處，蘇州離上海不過一天的路程，我總會見得到你的。』

張之洞點點頭說：『你離開了衙門，不想再與官場打交道，我可以理解。衹是我明天一早就要離開上海，早兩天見到你，我們可以多聊聊。關於這次晉京，我很想聽聽你的看法。』

桑治平說：『我這麽急着要見你，除見見面外，最主要的便是想和你談談這次你的奉召晉京一事。』

說到晉京事，張之洞立即來了興頭：『還是太后皇上聖明，當此全國大行新政的開始，便罷黜了翁同龢。仲子兄，你可能没有見過這個人，不十分瞭解他。那人看起來像個謙和寬讓的君子，其實內心忌刻偏執。那年我把這個看法與他的侄兒仲淵說過，仲淵說他的三叔正是這樣一個人。翁同龢如何能擔負起推行新政的重任，讓他回籍養老正是優待他，騰出個位置也好讓真正的柱石之臣爲國効力。』

桑治平說：『這些日子，我在姑蘇滬寧一帶，聽人們議論，都說你此次晉京是代翁同龢的。你知道這中間的內情嗎？』

張之洞不加掩飾地說：『在老朋友面前，我也就不說客套話了。早一向叔嶠告訴我，皇上有大用的意思。此刻，新政甫行，中樞乏人，我也認爲十之八九是要取代翁同龢的。』

『我也是這麽看的，』桑治平微微頷首，『不過，香濤兄，我要問問你，你自己認爲，你比翁同龢更合適嗎？』

『我比他合適。』張之洞直截了當地說，『翁同龢一輩子做的是京師太平官，既未辦過實事，又不

懂下情。宰輔這個地位，是既要做過京內官，又要做過京外官，尤其是要做過督撫的人纔合適。這點上，翁同龢不能和我比。這是其一。我辦過十多年的洋務，論新政經驗，李少荃都不如我，更何況未辦一局一廠的翁同龢？這是其二。《勸學篇》風靡海內，人人誦讀，這其實是一部自恭王、文祥、曾國藩等人開辦洋務四十餘年以來的總結。不說別的，光是「中學爲體，西學爲用」這八個字，便足以解決眼下和今後中西之間的衝撞，也是我執政後處理中外華夷糾葛的一條準則。天下爭傳《勸學篇》，便意味着天下認可我張某人的「中體西用」。除開前面兩條不說，光這一條，翁同龢便要自動退位，普天之下的人也再不要和我來争這個新政首領的地位。仲子兄，不是我自誇，這是有目共睹的事實。』

『你的《勸學篇》，我在江寧時，袁昶代你送了我一部。不是我當面恭維你，這不僅是你的著述中最好的，即便環顧百年來的文壇，也無一部書可與它比肩。』

張之洞高興地說：『仲子兄，你是《勸學篇》的第一號知己。不瞞你說，從維新、洋務這個角度來說，豈但是百年，便是從古以來，也没有一部書可以與它比肩。』

桑治平淺淺笑道：『正如你自己所說的，四萬餘字的《勸學篇》，最爲精粹的就是「中學爲體，西學爲用」這八個字。我以爲這八個字在今天這個時候，好比航行江河中的船尾之舵，奔走曠野上的車頭之指南針，爲朝野內外指明了一個方向；又好比木匠用的墨斗，泥瓦匠用的吊綫，爲自强大業定下一根準繩。』

張之洞拍手喜道：『你說得真是好極了。我要把你的這幾句話記下來，這比諭旨的褒揚生動有趣得多，也更爲深刻。』

桑治平繼續說：『要說我們中國跟胡夷打交道，也是由來已久，並不始於今日，衹是今日的洋人

既來得遥遠，又特别厲害而已。從唐代的胡人東來，到元代的韃子南下，不管他們是如何的兇猛强悍不可一世，到後來都不得不歸順我中華聖學名教。這正好説明五千年的華夏文明的本體主幹是不可動摇的，外來的胡夷衹能爲我所用，而且也要爲我所用，如此纔能更好地滋潤、彌補我之不足，使華夏文明更臻完美。』

説到這裏，桑治平壓低聲音：『國朝不也是如此嗎？二百多年來，信的是我周公孔孟之學，讀的是我經史子集等典籍，而這纔是國家的靈魂本體，長辮子不過外形枝葉而已！你説是嗎？』

説罷哈哈大笑。張之洞也點頭不迭：『不錯不錯，正是你所説的。』

『「中體西用」這個設想，經你的《勸學篇》一傳播，很快便會家喻户曉，人人皆知，今後所起的作用不可限量。我敢説一句大話，幾十年幾百年後，人們或許不會記得《勸學篇》這部書，也或許不會記得你張香濤這個人，但「中學爲體，西學爲用」這句話，以及這句話所提出的方向性的指示，則一定會記住的。到了中國强盛的那一天，應當用黄金鑄造這八個大字，讓它永遠彪炳史册。』

黄金鑄就。這話説得太好了，張之洞聽了大爲高興起來，隨後又誠懇地説：『仲子兄，你回來吧，兩年多來，我一直没有這般快樂的談話。進京後府裏的事會更多，你回來幫幫我吧！』

桑治平説：『你的這番好意我領了，但我已是閒雲野鶴，不想再受羈絆，况且這兩年來我已漸悟人生真諦，對過去的追求有了一些新的看法。更重要的是，我這次急如星火地趕來見你，就是要當面對你説一句：請你立即中止晉京之旅，這次詔命不宜奉領。』

『這是何故？』張之洞大吃一驚，『你詳細説説！』

『過去在京師，我没有機會見到翁同龢。這次他罷官回籍，我却有幸見了一面。』桑治平没有沿着

剛纔的話説下去，忽然間又换了一個話題。

『你在哪裏見到他的？』

『在他的家鄉常熟虞山。』

哦，是的，翁同龢是常熟人。張之洞恍然大悟，掐指算算，近期内也正好是他到家的時候。

『前幾天，我在蘇州城裏，忽聽得市井中都在説，翁相國後天就要到家了，我們看熱鬧去。我聽了這話，心動了，蘇州城到常熟不過七八十里地，何不也去看看，看看兩世宰相、叔侄狀元的翁府中這位承啓人物！於是便跟着人群到了常熟。第二天下午虞山鎮碼頭上人山人海，大家都在引領企盼。一會兒，一隻大船划過來，從裏面走出兩個人來。人群中一片呼叫，都以爲是翁同龢，誰知不是，原來是翁府的北京管家和常熟管家。兩個管家對着衆人抱拳打躬，説，列位父老鄉親們，翁相國説他是以待罪之身回籍的，列位這樣聚集在一起接他，他擔當不起，傳出來，更不妥。請父老鄉親們千萬體諒體諒，各自回家去，他日後再去看望大家。

『兩個管家話雖説得誠懇，但大家都不走，一定要見見翁同龢。翁同龢坐在艙中，見大家不走，他也不出來。直到斷黑時，衆人見他還不出來，便三三兩兩地回家去了。到了夜深時分，見碼頭上没有幾個人了，這時翁同龢纔由幾個僕人照顧，打着燈籠離船上了碼頭。我一直在碼頭上等着，終於見到了他。燈火之中，出現在眼前的竟是一個步履蹣跚、形容憔悴的白頭翁。心想一個月前還是顯赫尊貴的帝師宰輔，怎麽一旦摘了烏紗帽便這樣不中看。很是爲他可憐！』

張之洞本對翁同龢芥蒂甚深，但聽了桑治平的這番叙述後，不由得也在心裏生出三分惻隱來。

『你在常熟聽到些什麽？』

『什麼話都聽到了。』桑治平喝了一口茶説，『有爲翁同龢抱不平的，有指責皇上寡情絶義的，也有幸災樂禍的，多數人的最後結論是，宦海難測，伴君如伴虎，要求得平安，還是做耕田網魚的百姓爲好。』

張之洞望着老友，無語地點點頭。

『我在常熟住了幾天，最大的收穫是聽到了翁同龢回來的京師管家一番閒談。那是翁同龢回來的第三天午後，在虞山鎮上的茶館裏，翁府管家被幾位至親好友圍着，談這次罷官事。我恰在那裏喝茶，便留心聽着。』

『究竟是什麼緣故？』張之洞對此等事當然極有興趣，他皺起眉頭，全副心思聽桑治平的轉敘。

『翁府管家説，相國此番罷官，説穿了，是得罪了太后。太后不喜歡她實行了四十年的章法規矩有大的變動，從心理上説是討厭新政的，而相國恰恰是鼓動皇上行新政的頭號大臣。罷黜相國，既是表明太后維持舊秩序的態度，也是殺鷄給猴子看，警告皇上不要走得太遠。』

張之洞心裏陡然一沈：太后皇上不和的傳説，看來是真的。這離京師數千里的虞山茶館裏的閒談，很可能正是九重宮闈中的最真實的暴露。它的準確程度，不僅勝過邸抄京報，也要超過楊鋭等人的隔墻猜測！

『也有人問翁府管家，翁相國還有起復的可能嗎？』

桑治平這句話使張之洞不由得警覺起來，是呀，這一問問得好！

『翁府管家冷笑道，你們以爲老爺子就真的從此做百姓，沒有官復原職的一天了？實話告訴你們，多則三五年，少則一兩年，老爺子就會衣錦返京的。你們想想，皇上四歲進宮後，便一直跟我們家的

老爺子讀書識字，二十四年來，沒有一天離開過，這個情誼有多深！這次又不是皇上罷的官，是太后罷的。太后六十多歲了，她還會管幾年的事？你們説是不是這個理？聽的人都點頭。有一句話説的人沒説，聽的人都心裏明白，皇上還不到三十歲，太后六十多了，這日後的朝政究竟在誰的手裏，豈不是明擺着的事！』

聽到這裏，張之洞一顆本來滾燙的心，突然變得冷起來。是的，再强悍的人能鬥得過天嗎？試看來日之域中，竟是誰家之天下！翁同龢的東山再起是可以看得見的事。張之洞的腦子似乎清醒了許多。

『翁管家的話，一直留在我的腦子裏。過兩天，便在京報上看到你晉京的上諭。明眼人都知道，你此次晉京，是去取代翁同龢的空缺的，而我却爲你捏了一把汗。所以，我決定無論如何要在進京之前見你一面。』

張之洞問：『你要對我説些什麼呢？』

桑治平説：『假若進京後，皇上要你代替翁同龢的位置，你是勸皇上緩行新政，還是輔佐皇上推行新政？』

張之洞立即答：『這不用説，我辦了十多年的洋務，巴不得各省都和湖北一樣，若一旦真取翁而代之，我當然會輔佐皇上推行新政。』

桑治平説：『儻若太后出面來干預此事，不同意皇上的做法，你是站在皇上一邊，還是站在太后一邊？』

張之洞很難回答這個問題。

稍停片刻，見張之洞未開口，桑治平笑着說：『我知道你的心思，太后對你恩德深重，你不能違抗太后；洋務是你的事業之所在，你不能違心反對自己。如此說來，你將處進退維谷的兩難境地。』

張之洞專心聽着，不做聲。

『香濤兄，你再想想看，翁同龢剛罷官，你就進京取代，是不是給翁同龢本人及翁氏家族以懷疑，認爲你是罷翁的幕後主使？翁氏三世爲官門第顯赫，門生故吏遍於天下，讓他們有這種懷疑也不是好事。儻若如翁府管家所說的，一兩年後翁同龢重返京師，彼此之間便不好共事。太后春秋已高，什麼事都可發生，不可不預作防範。你說呢？』

桑治平的話不無道理，張之洞說：『照你的意思，這晉京詔命我不奉領了？』

『不是說不奉領，稍等一會，你不妨安居武昌，冷眼觀看一陣北京的政局，待局勢較爲明朗後，再定進止爲好。』

張之洞不假思考地說：『那怎麼行，先不說別的，光我從武昌到上海，一路上沸沸揚揚，人人皆知我張之洞奉召進京。怎麼到了上海後，又突然打道回府，不北上了呢？』

『今天還說進京，明天便改口說不去了，是有點罣礙，但與其今後變生不測，還不如現在罣礙點，於實質並無影響。何況，還可以找一個藉口。』

『藉口，有什麼好的藉口嗎？』

『我已經爲你想好了。』桑治平不慌不忙地說，『早幾天沙市發生的教案，正是一個極好的藉口。你可以上一道摺子，說沙市教案情況嚴重，非得你回武昌去親自處理不可，待教案完事後再進京。』

五天前在江寧時，張之洞就收到湖督衙門發到江督衙門的電報，報告沙市民教衝突，百姓放火燒了傳教士的住房的事情。自允許洋人在中國傳教以來，教案時有發生，兩湖也有過多次教案。張之洞並不把沙市這場案子看得太重，他借江督劉坤一的發報機，向武昌發回了一封電報，指示駐沙市綠營會同荊州府縣按主犯從嚴協從從寬的原則妥善處理。電報發走後，他也就把這事擱置了。朝廷對教案一向是極爲重視的，若以此爲藉口，暫不進京，是可以說得過去的。但教案過後如何辦呢？儻若朝廷改變主意，召別人，那豈不失去了這個大好時機？封侯拜相，自古以來便是讀書人所追求的最高境遇；統領天下洋務，這是十多年來自己的最大抱負。這一切，將很可能會因此次拒奉詔命而付之流水……

張之洞陷入了艱難的思索之中。他雙眉緊鎖地對桑治平說：『你今夜就住在這裏吧，容我再好好地想一夜。』

這一夜，窗外黃浦江滔滔不絕的波濤聲伴隨着不眠的張之洞。他輾轉榻上前思後想左瞻右顧：若奉詔進京，必定面臨一個撲朔迷離、雲遮霧障的前途，是吉是凶難以料定；若不奉詔，盼望一輩子的機遇就將轉瞬即逝。六十二歲的老頭子了，此生還能再獲這樣的諭旨嗎？直到天快亮的時候，他纔迷迷糊糊地睡去。日上三竿時，他醒了過來，問守在身邊的環兒：『桑先生到哪裏去了？』

環兒答：『桑先生一早便到江邊散步去了，現在尚未回來。』

環兒服侍張之洞盥洗完畢，親自端來早餐，並按在武昌督署的習慣，將一清早送來的滬版《字林漢報》放在餐桌上。

張之洞一邊喫早點，一邊瀏覽着報紙。他這幾天在上海灘上的活動，《字林漢報》在頭版上登了出來。在第五版右下角上，他又看到沙市民教衝突的報導。報上說沙市百姓焚燒洋宅十餘間，法國駐

漢領事揚言要派兵去沙市捉拿肇事人員。張之洞心裏想，看來此事鬧得越來越大了。翻到第六版，他突然被一則消息的標題所吸引：湖南官紳上書湘撫，請罷新政摒異説，驅逐梁啓超等人出湘。張之洞喫了一驚，細看起來，報上説湘省新舊兩派衝突劇烈，嶽麓書院山長王先謙聯合在湘著名官紳劉鳳苞、葉德輝、黄自元等人向湖南巡撫陳寶箴上《湘紳公呈》，告梁啓超、熊希齡、唐才常等人背叛君父，誣及經傳，倡立異説，惑亂人心，乃士林之文妖，實權奸逆豎一類，心懷叵測，請立即驅逐出境，以平民憤。湖南學政徐仁鑄試圖調和，王先謙即以辭職相脅，身爲其門生的徐仁鑄祇得親赴書院賠禮道歉，再三慰挽，王先謙纔收回辭呈。

這一則消息再次給張之洞以震動。徐仁鑄一現任學政竟然敵不過湖南鄉紳，可見守舊勢力之强大。由湖南一省可推及到其它十七省，維新大業要在全國大行，將會有多麽艱難！是的，前景未卜，以局外静觀爲宜。張之洞終於拿定了主意。這時恰好桑治平從江邊回來。

張之洞招呼他過來一道喫早點看報紙，桑治平從口袋裏掏出一張紙來説：『那一年春天在督署後花園賞花時，你即景吟了一首詩，我昨夜突然想起，把它寫在紙上。你看看有没有記錯的地方。』

張之洞拿過紙來，那上面寫的是一首七絶：

老去忘情百不思，愁眉獨對惜花時。
闌前火急張油幕，明日陰晴未可知。

『闌前火急張油幕，明日陰晴未可知』。張之洞心裏喃喃唸着。是的，陰晴未知之時，速張油幕預作防範是對的。想到這裏，打道回府之心更堅定了。

『謝謝你還記得這首詩。没寫錯，字字都對。我已決定不奉旨，明日即轉舵回鄂。』

第二天，張之洞和桑治平互道珍重後分手，維多利亞號掉轉船頭，溯流西上。

就在張之洞重返武昌静觀世態的時候，京師維新事業已出現了極爲微妙的迷亂局面。

三 老太婆提醒慈禧：是不能讓皇帝再胡鬧下去了

進入夏天以來，中國政壇與天地間的氣候一樣，其熱度也在一天比一天地增高提升，而且遠比氣温的升高更使人感到熾熱。它炙烤的不是人的身體，而是人的心靈。有兩條主綫在明顯地貫穿着。

一是辦事。這期間所辦的大事有：飭盛宣懷尅日興工趕辦蘆漢鐵路，開京師大學堂，廢除科考中的五言八韵詩，改各省省會之大書院爲高等學堂，府城之書院爲中等學堂，州縣之書院爲小學堂，各類學校均兼學中西，開經濟特科，廢除朝考，取士以實學爲主，不憑楷法，在京師設礦務、鐵路、工商總局，裁詹事府、通政司、光禄寺、鴻臚寺、大理寺、太僕寺等衙門，撤湖北、廣東、雲南三省巡撫及東河總督。又各省同知、通判等中無地方之責者，亦均着裁汰。

二爲用人。緊跟着康有爲、黄遵憲、譚嗣同之後，梁啓超也被賞六品卿銜，辦理譯書局事務。過幾天，又放黄遵憲以三品京堂候補出使日本大臣。又召見楊鋭、劉光第等人，獎其關心時政，勉其爲新政効力。同時，王文韶奉調進京任户部尚書，入軍機、總署，榮禄拜文淵閣大學士，授直隸總督兼北洋大臣。

這些人事任命都以光緒的名義頒發，但知曉内情的人則明白，榮禄、王文韶是太后的人，他們的新職實出於太后的安排，且至關重要。康、梁、譚、黄、楊、劉等人，纔是皇上提拔的新進，這些人均年輕位卑，在朝中毫無根基，於大局似無甚影響。

榮、王是久負重任的老臣，雖居要職，亦不意外。康、梁、譚、楊雖驟進，但品銜低微。故這些人事的變動，並未引起人們太大的驚詫。

直到有一天，禮部六位堂官全部被撤和譚嗣同、楊銳、林旭、劉光第進入軍機，這纔引起朝廷內外的大震動。

事情是這樣的。

禮部主事王照是個主張變革的激進者，對皇上詔定維新很是擁護，遵照皇上的諭旨，上書言事。他建議皇上學習俄皇彼得大帝出訪外洋，以開擴眼界，增廣見聞，第一次可去近鄰東洋日本。王照請禮部尚書懷塔布、許寶騤代爲呈遞。但懷塔布、許寶騤認爲王照的建議太駭人聽聞，拒絕代遞。王照大爲不滿，指責兩尚書違背聖旨。但禮部四位滿漢侍郎也都不願爲王照代勞，於是王照徑直向內奏事處投遞。光緒得知此事後，對禮部堂官公然無視他的聖旨勃然大怒。光緒從禮部所發生的事情看出問題的嚴重性。這種嚴重性不僅在禮部，在其它各部各衙門中也都同樣存在着，即年邁位高的官員普遍對維新變法冷淡抵觸。這些被康有爲指爲老朽的官員，既害怕變動將會對他們的既得利益構成威脅，又缺乏新知而不能够應付新的局面。『老朽』已成了維新道路上的大障礙。而這些『障礙』，又都絲毫不以爲自己是障礙，反而以中流砥柱自居。他們要屹立在險灘急流之中，捍衛祖宗家法，維護千年傳統。他們還結爲同夥相互標榜，彙成一股强大的勢力。今天在禮部出現抗旨，明天有可能在吏部出現違命。必須對禮部之事進行嚴處，纔有可能挫一挫那些『老朽』的囂張氣焰，收取殺一儆百的效應。想到這裏，光緒狠下心來，第一次威嚴而果斷地行使他的皇帝之權：將禮部滿漢兩尚書四侍郎全部罷免，授裕禄及梁啓超的妻兄李端棻等六人爲新的禮部堂官。又賞王照三品頂戴，以示激勵。

諭旨頒下，闔朝震驚。就在文武百官尚在議論紛紛的時候，另一道諭旨又令人目瞪口呆：賞楊銳、劉光第、林旭、譚嗣同四品卿銜，在軍機章京上行走，參預新政事宜。

在光緒心裏，這是他謀畫已久的事了。俄國、日本變政經歷的啓示，康有爲摺子奏對時的多次提議，使得光緒很清楚地明白吐故納新、以新代舊的重要性：要行新政，必用新人。

祇是他對故舊一時下不了這個決心，同時，也要對新人予以考查。禮部事件促使他不再猶豫了，他終於作出詔定國是以來最招議論的兩大決定。

禮部這些日子來，幾乎是水沸湯滚，没有寧日。正藍旗出身的懷塔布暴跳如雷，在公堂上大罵一通王照後將鑲着瑪瑙紅頂戴的傘形帽往案桌上重重一扔，怒火衝天地離開了禮部衙門。七十多歲白鬚銀髮的許寶騤則不露聲色，默默地帶着兩個僕人收拾了半天後，抱拳與各司郎中、員外郎一一告別。王照上前與他搭訕。他將袖子一甩，眼睛瞧都不瞧一下，弄得王照十分尷尬。

其他四位滿漢侍郎或怒或怨，或激烈或平和，無不一肚子牢騷委屈。各司官員原本就是大部分站在堂官一邊的，贊成王照的祇是少數年輕不得志的低級官員，再加上幾個因別的事情與堂官們有嫌隙的人。諭旨下達後，絶大多數都認爲皇上對堂官們處置過苛，又嫉妒王照遷升的火速，於是禮部幾乎所有的官員都同情起一夜之間丢了烏紗帽的尚、侍來，王照反倒成了形影相弔的孤立者了。新上任的裕禄、李端棻等人面對着這種情況，也不知如何辦。他們一家一家地前去安撫那些革員們，除開一向心胸寬闊的曾廣漢外，其他人都没給他們好臉色看。來到懷塔布家，祇見大門緊閉，敲了半天的門後，懷塔布的兒子開了門，冷冰冰地祇説了一句『家父外出』，也不叫他們進門。裕禄、李端棻相互望了一眼，知道這是懷塔布拒絶見面的託辭，但他們又不便强行進去，祇得告辭。

第十七章　血雨变法

其實，懷塔布的兒子並沒有說謊，他真的外出了。罷官後的第二天，懷塔布就坐上津通鐵路火車，奔赴天津找他的親戚榮祿去了。

懷塔布的福晉瓜爾佳氏是榮祿的遠房姑媽，兩家一向往來親密。懷塔布去天津，一是想從榮祿那裏摸一摸底，二是想請榮祿幫幫忙。兩個人在書房裏密談大半夜後，榮祿給懷塔布出了個主意。

第二天，榮祿和懷塔布同車回到北京。抵京後懷塔布回家，榮祿徑直赴頤和園謁見慈禧。

榮祿來到樂壽堂時，慈禧剛睡完午覺醒來，聽說榮祿求見，便讓李蓮英出去親自帶他進殿。

『老佛爺這些天還好嗎？』見到李蓮英後，榮祿悄悄地問，順手將一張五百兩銀票塞進李蓮英的手裏。

李蓮英望着榮祿，滿臉綻開了笑容。他不說『謝』字，爲的是怕身旁的宮女太監聽見，衹用特別的笑容來作答。

李蓮英的笑五花八門：真笑、假笑、冷笑、嘲笑等等。各類笑裏又分等級。接這種門房銀時，李蓮英是真笑。因爲這種銀子既是合法收入，又來得容易，不要他付出什麼。這真笑裏分爲三等：品銜高、銀票大的，他報以滿臉笑容，這是一等。品銜高、銀票居中或品銜居中、銀票大的，他報以點頭之笑，是二等。銀票在百兩之下，他頭不動衹是淺淺一笑，這是三等。

榮祿近日紅得發紫，炙手可熱，送的銀子又多，他給予列爲一等的笑臉款待，然後，再悄悄向他透露太后這幾天的心思。他知道，太后的心思，這是包括皇上在內的凡謁見者都想得到的絕密消息，但李蓮英不輕易出售，哪怕是皇上，他也要權衡考慮，見機行事。

『老佛爺這兩天不大舒服。』李蓮英聲音低低地回答，『一是肚子疼的老毛病又犯了，喫得很少。

二是爲着禮部的事，老佛爺生氣皇上，說這大的事，都沒有向她稟報。』

這兩個不舒服的消息，對此刻的榮祿來說，都是聽了舒服的好消息。說話間，來到東便殿簾子外，李蓮英先進去片刻，接着便請榮祿進去。

因爲是在頤和園，一切禮儀從簡，又加之是最受寵愛的大臣，行完君臣相見的常禮後，榮祿便被賞坐，靠近慈禧敘話。

『袁世凱的兵練得怎麼樣了？』慈禧問話的聲音明顯地表示出中氣不足，李蓮英提供的絕密消息是準確的。

『回稟老佛爺，袁世凱的兵練得不錯。』榮祿答，『他請了不少德國軍官在做教頭，德國陸軍是世界上最强的軍隊。』

慈禧又問：『董福祥的甘軍和聶士成的武衛軍的行程如何？』

上個月，慈禧命令剛接任直隸總督、北洋大臣的榮祿速調甘肅提督董福祥和直隸提督聶士成的軍隊來京郊駐紮，並把九月份偕皇帝去天津閱兵的事告訴他，要他早作準備。

榮祿答：『聶士成的武衛軍，昨日已抵達正定府，董福祥甘軍前天到達山西大同府。奴才命令董、聶八月初務必趕到天津，屆時奴才親自監督訓練，九月中旬與袁世凱的新建陸軍一道接受老佛爺和皇上的檢閱。』

『嗯！』慈禧點點頭，沒有再問下去。

這一問一答說的都是調兵的事，使一向祥和的樂壽堂東便殿充滿干戈之氣。此時片刻的寂靜，又使得干戈氣氛更凝重。不知怎麼的，久爲西安將軍的榮祿都覺得有一絲不安，他需要緩和這種氣氛，

更需要達到他此次進園子的目的。

『老佛爺近來聖體安康否？奴才這次從天津趕來，特向老佛爺貢獻一味治腹脹的良藥。』

慈禧多年來患有消化不良的毛病，這是榮祿早已知道的。從李蓮英口裏得知慈禧近日又鬧肚子疼時，他暗自慶幸遇上了好時機。

『你有什麽好藥，我這兩日正不舒暢哩！』

慈禧説着，下意識地用手捂了一下腹部。

榮祿按昨天與懷塔布商議好的話説着：『奴才内人這兩三年來也常腹脹氣滯，遍尋名醫均不能根除。半年前，奴才的一個遠房姑媽來到奴才家，見内人病又犯了，便趕緊叫人去她家取來藥方，内人連服一個月，至今未再復發。奴才知老佛爺也有點這樣的小毛病，便想到要把這個藥方貢獻給老佛爺。』

『難爲了你的一片心意。』慈禧聽了榮祿的這番話後不禁感嘆起來，心裏想，自己一手帶大的皇帝和自己的親侄女皇后，從來都没有想到的事，這個五大三粗的男子漢却惦記在心裏，難得！她的語氣立馬變得温婉起來：『是個什麽樣的藥方，好找嗎？』

榮祿笑道：『説起來很簡單，也不是什麽稀罕物，衹是製作上與人不同罷了。』

『你的姑媽家在哪裏，姑爹是做什麽的？』

慈禧顯然對此很有興趣。

『奴才的姑媽長住京師，姑爹便是禮部尚書懷塔布。』

『噢！』慈禧也笑了一笑。『原來你與懷塔布還是親戚哩。』

『是的。』榮祿説，『懷塔布的福晉是奴才未出五服的族叔的親妹子。』

慈禧嘆了一口氣説：『皇帝早兩天罷了懷塔布的禮部尚書，他心裏一定委屈吧！』

榮祿説：『據奴才所知，懷塔布等人並没有説委屈話，倒是旁人看不過去，有些替他們抱屈。』

禮部的事，在慈禧看來，純是皇帝的胡鬧。哪有一個主事的摺子被阻就罷掉六個堂官的道理！這樣大的事，事先既没有與她相商，事後的任命也没有向她禀報，慈禧對這個侄子兼外甥的兒皇帝又氣又恨。同時，她又從這件事上看出，表面孱弱恭順的皇帝，内心深處也還有很倔犟、很自尊的另一面。本想召他來園子訓一訓，但又擔心母子關係將因此而弄僵。慈禧靈感一來，突然有了一個好主意。

『榮祿，你去一趟懷塔布家。後天是大公主的生日，你叫懷塔布的福晉到園子來參加大公主的壽慶，也順便叫她帶點治腹脹的藥來，我和她聊聊。』

『奴才領旨！』

榮祿爲計劃的第一步成功而歡喜，忙告辭出園，將慈禧的這道口諭告訴懷塔布。

慈禧説的這位大公主，是一個史書上衹留下幾行文字，而實際上却對晚清政局有着微妙影響的女人。

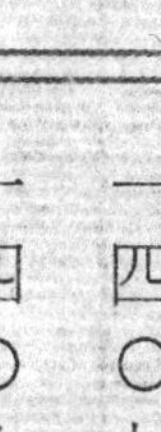

她是恭王奕訢的長女，咸豐四年出生於王府。同治元年八月，慈禧出於對恭王的感激，同時也爲了填補自己膝下的空虚，將年僅八歲長得活潑可愛的她接進宫來，認作自己的乾女兒，封她爲榮壽固倫公主。因爲她比咸豐的另一皇貴妃他他拉氏所生的榮安公主大一歲，宫中便叫她爲大公主。

公主有和碩、固倫之分。妃子所生的女兒封和碩公主，皇后生的女兒封固倫公主。大公主得此殊

榮，年僅八歲的她本人當時並未意識到什麽，而他的父親恭王却從中看到日後的功利價值。

恭王夫婦每個月可以進宮見一次女兒。見面之際，總是一再叮囑女兒要好好聽太后的話，討太后的喜歡，視太后爲生母。爲了討好慈禧，又決定將女兒的生日增加一個，即入宫那天定爲她的第二個生日。這個用意是顯而易見的：大公主進宫後獲得了第二次生命，給她第二次生命的是太后，太后也是她的親生母親。

大公主天資聰穎，很會討好慈禧。慈禧没有女兒，也從心裏喜歡這個惹人愛憐的女孩。天長日久，真的如同親生母女一般。到了十二歲，慈禧親自爲她指婚蒙古公爵景壽之子志端。第二年大公主出宫下嫁。結婚第五年，二十歲的都統夫婿便得病身亡，她立時成了寡婦。丈夫死後，無兒無女的大公主又回到慈禧的身旁。二人都是年輕喪夫，於是在母女之情上又增加了一份同病相憐之感。慈禧憐恤大公主的苦楚，儘管呵斥滿宫，却從不責備她，大公主也由自身的痛苦而理解了慈禧的某些乖戾。

每日召見完畢回到後宫，慈禧常和她談些國家大事，聽聽她的看法。至於後宫裏的事及皇族子女的男婚女嫁，大公主的話對慈禧的影響更大。三十多年來，慈禧與恭王之間有過許多分歧、衝突與嫌隙，恭王幾起幾落，甚至賦閒十年之久，但最終還是薨於軍機處領班大臣的高位，並得『忠』字之謚，這裏面便有着大公主許許多多看不見摸不着却實實在在起作用的力量在内。

每年八月中旬的這個第二個生日，都是由慈禧替她操辦，邀請皇家至親至近的十來個女眷，惟一的男人衹有光緒皇帝。

懷塔布家領了這道口諭後，闔府上下便忙開了，他們要準備的是兩樣大的東西：一是藥，一是送給大公主的禮物。

這治腹脹的藥，其實是懷塔布家的祖傳醫方，無論用料、配製都不麻煩。但爲了表示它的名貴，懷塔布爲他的福晉編造了一套説辭，又特爲找了一個做工極爲精細考究的錦盒盛着。至於禮物，着實讓大家費了一番腦子：大公主還能缺什麽，世上的珍稀，還有什麽可讓她眼亮的？最後還是福晉瓜爾佳氏自己拿了個主意。

這一天天尚未亮，瓜爾佳氏便在兩個兒媳四個女僕的服侍下，坐着三匹大青騾子拉的轎車，出了京城。辰正三刻時分，來到頤和園東門。轎車和女僕都被拒在門外，兩個兒媳婦特許陪同進園子，但祇能在偏殿等候，不能進樂壽堂。

大公主的生日慶典正是在樂壽堂大殿裏舉行。

四十多歲的大公主因不曾生育，體形未變，再加之保養得法，看起來像三十許人。今日盛妝濃飾，容光焕發，更顯得比平時端莊美麗。她坐在鎏金大靠背椅上，含笑接受各位后妃、命婦、格格對她的祝賀。

慈禧坐在另一側的一張特製鳳椅上。這張鳳椅既大又高，比尋常的椅子要高出一尺多，是慈禧在樂壽堂裏會見外官及舉辦慶典時的專用座席。第一個向大公主祝壽送禮的是皇后。她今天也穿着大紅吉服。小那拉氏對大公主是既感激又帶有幾分怨情。感激的是當年大公主極力支持太后選她爲后，讓她如意坐上六宫之主的寶座，成爲母儀天下的皇后，不僅自己榮華富貴，而且光宗耀祖，給本已顯赫的承恩公府第錦上添花，令天下一切有女之父母羡慕無比！但是，皇帝不喜歡她，而且結褵十年了，依舊孑然一身。皇后爲此深自悲哀，有時想，儻若不嫁進宫中，尋個平民百姓爲夫，早已是兒女成行了！這一絲怨恨便衝着太后和大公主而來。當年她們二人任有一人持異議，便是另一番命運了，偏偏

二人想法一致，逼得皇帝將那柄玉如意塞到她的手中！皇后心靈深處的怨恨，時時向太后和大公主發泄。每當這時，太后總是以長輩的身份予以教訓，而大公主則和她一道嘆息流淚，末了再勸她認命，故皇后對太后尊而對大公主親。

她今天的壽禮是一對用以綴在鞋尖上的碩大東珠。這對東珠非常見之物，拿三五萬兩銀子往王府井、大柵欄一帶去買都不能隨時買得到。大公主很高興地收下，又親自遞給慈禧看。慈禧一向喜歡珠寶，伸出兩隻長長的手指來，夾起一顆朝着門外亮光處照照，內行地說：『不錯，色澤淡黃，晶瑩無瑕，是東珠中的珍品。這種珠子多産自咱們關外的松花江一帶。』

『老祖宗精明！』見慈禧誇獎所送的珠子，皇后高興地說，『這對珠子正是産在關外，是盛京將軍文麒的福晉當年送給我母親的。』

大公主忙說：『你拿送你母親的珠子轉送給我，我擔當不起。』

『她家好珠子多着哩，有什麽擔當不起的。』慈禧笑着說，交回珠子後又問：『皇帝今兒個怎麽没來？』

皇后上個月過生日，光緒也無任何表示。想起這事，皇后便很不舒服，她撇了撇嘴巴說：『人家現在可忙啦，哪有心思記得內眷的生日這些小事。』

『皇上惦記着哩！』誰的嗓音這樣好聽——風鈴似的悦耳，衆女眷看時，祇見一個年輕俏麗的女子從人群中走出，她原來就是備受皇上寵愛的珍妃。珍妃來到大公主的面前，向她行了一個禮後說：『皇上今天要召見軍機處，没有空來，他要我代他將這件禮物送給您！』

說罷，從懷裏掏出一樣東西遞過去。大公主接過看時，是一塊西洋造的懷錶。

珍妃說：『這是法國公使謁見皇上送的。是一塊專爲上流社會的女人所特製的女式懷錶，比男式懷錶小巧，却更精緻。皇上說，他很喜歡這塊錶，故特爲送給大公主。』

聽這麽說，大公主將這塊錶再細細地看了一遍。這塊錶就像一顆葡萄樣大小，鑲金嵌玉，的確華貴異常，就連那一串鏈條也綴滿了閃閃發光的鑽石，更襯託出身份的高貴。大公主歡喜無盡，忙說：『謝謝皇上的賞賜。』

珍妃又從懷裏取出一樣東西，雙手遞給大公主：『這是一瓶法國宫廷香水，也是那位法國公使送給皇上的。皇上轉送給我，今兒個我獻給大公主。』

『謝謝！』大公主接過香水，低頭用鼻子凑過去聞聞，連聲說：『好香！好香！』擡起頭來時，却突然看到皇后臉色煞白地呆望着自己，兩隻眼睛裏分明滾動着就要下墜的泪水。笑意立時從大公主的臉上消失了。

皇上不來，代送禮品的不是她而是珍妃，這樁事本已使身爲皇后的小那拉氏難堪了；而法國公使送給皇上的香水，皇上也没有轉送給她而轉送給珍妃，這更令她心中難過又嫉恨。珍妃和皇后的這些表情都讓精明的慈禧看在眼裏，內侄女被冷落令她惱火，珍妃的張狂又令她氣憤，而這一切都是她那個既不會做丈夫又不會做皇帝的嗣子造成的！爲大公主做生的喜悦被剛纔的這一幕打掉了許多。爲發泄心中的不滿，也爲安慰名存實亡的內侄女，慈禧冷冷地對大公主說：『什麽香水，給我看看！』

大公主忙將那瓶小小的造型別致的瑪瑙壺香水送到慈禧的面前。慈禧拿起，左右看了看，又用鼻子嗅了嗅，說：『這香味兒不正，它讓人聞了容易走邪，我看你就不要收了。』

又遠遠地對着珍妃說：『珍丫頭，你就留着自己用吧。這樣的東西，怎麽好送給大公主！』

慈禧雖没把話挑明，但話中的意思，哪一位女眷聽不出來！珍妃猶如遭當頭一棒，滿臉通紅，淚水差點兒就要掉下來了。她强忍着眼淚，走到慈禧身邊，接過香水，澀澀地說：『奴婢不會送禮，請老祖宗寬諒。』

慈禧狠狠地盯了她一眼，没有吱聲。

衆女眷都嚇得不安起來，各自下意識地都將自己帶來的禮品再瞧一瞧，心裏忐忑着：不知這個禮品得當不得當？聰明的大公主將這一切都看在眼裏，便高聲說：『時間不早了，老祖宗想必也餓了，都請入席喫飯吧，飯後還要請各位聽戲哩。送的禮品都請留個名兒放在這裏，過後我細細地欣賞。』

大公主的這句話，無異於一道赦令，衆女眷們都將禮物交給服侍在側的宫女，然後陸陸續續地入席。

慈禧高聲問：『懷塔布的福晉來了嗎？』

瓜爾佳氏聽了這話忙走上前來，恭恭敬敬地對着慈禧行了大禮，說：『奴婢叩見老佛爺，祝老佛爺萬壽無疆！』

慈禧望着滿頭白髮滿體福態的瓜爾佳氏說：『你跟我到裏面去坐坐，我那裏也有好喫的東西。』

瓜爾佳氏喜不自禁地說：『奴婢謝老佛爺。』

見慈禧如此善待這個老太太，乖覺的大公主忙過來攙扶起瓜爾佳氏，滿臉笑着說：『老祖宗房子裏好喫的東西多着哩，不過，既是來喫我的生日酒，過會兒，我還得親自端點酒菜送給老祖宗和您喫。』

瓜爾佳氏爲大公主的舉動和這番話所大爲感動，忙說：『送老佛爺喫是應該的，若說送給我，那可真是折了我的壽！』

說着在幾個宫女的陪同下，瓜爾佳氏跟着慈禧走進了她的內房。

在內房精緻的小客廳內，瓜爾佳氏挨着慈禧坐下。宫女端上幾碟小巧的糕點，但瓜爾佳氏不敢動。

慈禧先開了口：『聽榮禄說，你有家傳的治腹脹的藥方，帶來了嗎？讓我瞧瞧！』

瓜爾佳氏從隨身帶的小布包裏掏出那個棗紅蜀錦包裹着的黄楊木匣來，打開匣子，然後雙手向慈禧呈遞過去。

慈禧接過匣子，立刻有一股異香撲鼻而來，細看裏面裝的，却原來是一盒黄褐色的粉末。

『這是什麽東西？』

『回禀老佛爺，這藥方的主要用料是陳年老米。』瓜爾佳氏小心謹慎地回答，『當年我娘家祖父在湖南做衡永郴桂道時，祖母常患腹脹之病。後訪得當地鄉間一位老郎中，他送給我爺爺一包藥粉，叮囑每日中晚兩餐飯後一湯匙，就水吞服，一連喫十天後，祖母的腹脹病就好了。祖父問郎中的藥粉是什麽東西做的，如何配製。老郎中說，若是旁人他是不肯說的，衹因爲是道臺大人，纔不能不說，但切望道臺大人不要外傳，不然的話，他的飯碗就給人砸了。』

慈禧笑道：『這個郎中好吝嗇！』

瓜爾佳氏也笑着說：『是個吝嗇的郎中！老郎中說，實不相瞞，這粉末其實就是陳年老米磨成的粉。』

慈禧又笑道：『哦，我當是什麽稀罕的物品，却原來是成年老米粉，這不太容易了嗎？』

瓜爾佳氏說：『我的祖父也這麽說，但那老郎中却一本正經地說，雖是陳年老米粉，但也不容易

做成。這米要是湖南江永所產的香米，這江永香米衹產在江永縣的山谿村。一個村莊衹有十多畝田，每畝田一年衹打百十斤穀子，所以江永香米一年衹有千把斤米的產量。這香米的特點一是香，二是最易化食。』

慈禧恍然大悟：『難怪這粉末香得特別，可見這天下好的東西原本就是少的。』

瓜爾佳氏忙說：『老佛爺聖明。物以稀爲貴，若多就不奇了。老郎中還說，這做粉末的江永香米要十年以上的老米，越老越好。將米放泥鍋上焙乾，若泥鍋用的宜興紫砂泥，火用九嶷山的檀香木所燃燒出的火，那樣焙乾出來的米更好。焙乾後再用碾子細細地磨，磨好後還要加一樣東西，這東西却不好找。』

『什麽東西？』瓜爾佳氏這句話吊起慈禧的好奇心。

『牛黃。』

『牛黃不就是牛身上的石頭嗎？這不難找。』

慈禧常喫中藥，對藥材很熟悉。

瓜爾佳氏說：『不是一般的牛黃。這種牛黃要在牛肚子里長了二十年以上，纔效果好。牛的壽命衹有十來年，十六七年的牛便好比人的百歲壽命，二十年的老牛是少之又少的稀有物。』

『噢！』慈禧算是完全明白了這藥的金貴。

『在我祖父離開湖南時，老郎中送了他十斤老香米，兩顆二十年牛黃。五十多年來，我娘家用這藥粉治好七八個人的腹脹病。我出嫁前因患有此病，便從母親那裏討了半個牛黃和二斤香米。每發病時，喫上十天半月就好，可以保五六年不發。老佛爺先試着喫點，若有用，我再送進宮來。』

腹脹病折磨慈禧多少年了，若這藥方果真有效，豈不是太好了。慈禧高興地說：『那我就收下了，我該怎麽謝你呢？』

瓜爾佳氏忙說：『老佛爺說這話，奴婢可就擔當不起了。幾十年來孩他爹時常說，咱們滿人世代住關外荒涼之地，是靠了太祖太宗把咱們帶進關來，纔有我滿洲世代子弟的功名富貴，忠於朝廷，効忠老佛爺、皇上，是我們滿人的本分。莫說這點藥粉，就是我懷塔布家老少爺們的生命都貢獻出來，也是應該的呀！』

說到這裏，瓜爾佳氏語氣哽咽，眼圈通紅，那情景好像立時就要爲太后赴湯蹈火似的。

慈禧很受感動，深深地嘆息一聲說：『還是咱們滿人靠得住呀！懷塔布無緣無故被皇帝罷了官，你們還這樣護衛朝廷，不是自家人能這樣嗎？』

『老佛爺呀，有您這句話，奴婢全家肝腦塗地都心甘情願呀！』瓜爾佳氏再也忍不住了，眼淚水刷刷地往下流，激動地說，『想當年，老佛爺隨着文宗爺去木蘭狩獵，孩子他祖父率領三千鐵騎死守通州，硬是將英法洋鬼子堵在通州門外三天三夜，部屬血流成河，死的人堆得山似的，孩子他祖父也因此斷了一條胳膊，到底還是保衛了文宗爺和老佛爺免受洋人的驚駭！』

看似一時激情，其實是早已撰在腹中的這番話深深地打動了慈禧。咸豐十年，懷塔布的父親瑞麟以護軍統領身份率部在通州與洋人打仗的事，當時代替病中的咸豐皇帝批閱奏摺的慈禧是十分清楚，也着實很感激的。瑞麟也正因爲這個功勞，戰爭結束後便被擢升爲户部尚書，很快又拜文淵閣大學士，這對日後懷塔布的仕途順遂也起了非常重要的作用。

懷塔布知道慈禧是個恩怨分明的人。他有意讓福晉在面見太后時，把握時機，重提父親當年的這

段護衛皇室的戰功，調起慈禧的念舊之情，果然這一着很生效。

慈禧抽出一條雪白的手絹來，在眼角邊輕輕地擦着，一邊問：『懷塔布今年多大歲數了？』

瓜爾佳氏說：『不瞞老佛爺說，他今年已經六十八歲了。』

慈禧又問：『他是哪年開始當的差？』

『那還是在宣宗爺的手裏了。』瓜爾佳氏摸了摸頭說，『那是道光二十八年，他十八歲上，由蔭生授的刑部主事。第一天當差出門時，孩他爺拍着他的肩膀說，你要記住，你是葉赫那拉氏的後代，好好當差，可不能給祖宗丟臉。』

『噢，懷塔布也是葉赫那拉氏！』慈禧驚喜道。

『是呀！』瓜爾佳氏忙答，『懷塔布說，若按輩分排起來，他要叫老佛爺爲姑媽，但他從不跟旁人說起這事，也一再教誡兒孫，千萬不能提起這段家譜，怕有攀附之嫌，也怕給老佛爺帶來牽累！』

『懷塔布這話說得在理。』慈禧點點頭。『祖先是祖先，子孫是子孫，子孫不能一世喫祖先的飯。他還在生皇帝的氣嗎？』

瓜爾佳氏忙說：『老佛爺您這話可就折死懷塔布了。懷塔布哪敢生皇上的氣呀！他爲朝廷當了整整五十年的差，服侍過宣宗爺、文宗爺、穆宗爺和皇上，算是四朝老臣了。這一身翎頂蟒袍還不是皇家給的？皇上什麼時候要收去，就收去，做臣子的哪能有半句怨言！懷塔布做了五十年的大清臣子，這點道理還是懂的。』

慈禧在心裏嘆了一口氣，嘴上却沒有吱聲。

瓜爾佳氏看到慈禧臉上的表情，知道是到說關鍵話的時候了：『懷塔布要我轉告老佛爺。他說儘

管皇上爲阻止王照的摺子撤了禮部六位堂官的職，但他還是要請皇上千萬不能聽王照的話。洋人不管他的機器造得再好，到底是不講仁義道德的蠻夷之地，皇上萬金之軀怎能入虎狼之穴！若萬一有個閃失，如何對得起祖宗，對得起老佛爺！我們做臣子的不能不冒死勸阻。』

慈禧說：『王照的話是胡說八道，皇帝怎麼能到洋人的國家裏去，也沒見哪個洋人的國王到咱們大清國來嘛！』

『老佛爺真真是聖明，聖明！』瓜爾佳氏不由得從心底裏佩服起太后的厲害來：一句話就嚴嚴實實地堵住了王照的口。可惜懷塔布、許應騤這些國家大臣，鬚眉男子，就沒有一個人說出這等義正辭嚴、令人不能辯駁的話來。看來，大清朝廷真的是離不開老佛爺，這個家還是要老佛爺來當！

『懷塔布要我禀告老佛爺，他說他快七十的人，官位丟掉不足惜，但有兩句話，就是犯殺頭之罪，他也要對老佛爺說。』

慈禧面容緊張地問：『兩句什麼話？』

『一是皇上現在聽信別人的話，用新人而排斥老人。老人都是文宗爺和老佛爺簡拔的，對朝廷忠心耿耿，沒有功勞有苦勞，而新人多是些熱中權位的小人，不可靠。請老佛爺對皇上說不能再這樣下去。二句話是皇上現在用的是漢人，排斥的是滿人。大清江山是我滿洲的江山，祖宗入關之初便一再告誡咱們，漢人可用而不可信。請老佛爺明示皇上，祖宗之訓不可忘。』

慈禧聽到這裏，心裏猛地怔了一下：是的，這個提醒太重要了，無論是翁同龢、文廷式，也無論是康有爲、梁啓超，還有新進軍機的四個章京，凡高喊維新變法的人，幾乎全是漢人。康有爲居然在他所辦的報紙上直書孔子卒後多少年，這司馬昭之心，豈不公之於世了！皇帝呀皇帝，你太不懂事

了，太急功近利了，再這樣胡鬧下去，我不能不管了！

想到這裏，慈禧對瓜爾佳氏說：『你回去告訴懷塔布，他對朝廷的一片忠心我已知道了。我給你一個差事：你今後每隔十天到園子裏來，跟我聊聊外間的事。』

瓜爾佳氏忙說：『奴婢遵旨。』

她正要將她精心所備的另一件禮物：西藏活佛所贈紅花草呈送大公主的時候，李蓮英突然進來稟道：『剛毅請求叩見老佛爺。』

慈禧慢悠悠地說：『什麽事呀！』

李蓮英說：『剛毅滿臉憂憤，他說新來的軍機章京不把他這個軍機大臣放在眼裏，他要請老佛爺評評理。』

慈禧喫了一驚，道：『軍機大臣被軍機章京欺負了，有這個事嗎？你叫他進來説説！』

瓜爾佳氏忙跪安。出殿時候，迎面看到一臉沮喪的剛毅。這位軍機大臣昨天果真被譚嗣同、林旭等人重重地奚落了一番。

四　小軍機譚嗣同無情奚落大軍機剛毅

在我國歷史上，軍機處是清代獨有的機構。它產生於雍正朝初期，全稱爲辦理軍機事務處，原因西北用兵而設，專爲皇帝辦理軍事機密。以後大規模的用兵雖然結束，軍機處却並未撤銷，而成爲一個常設機構，並因位高權重逐漸取代内閣。在清代的中晚期，内閣大學士成了名義上的宰相，真正的宰相乃是軍機處領班大臣。軍機處通常有大臣五至七八人不等，由大學士或各部院尚書、侍郎兼職，

另有司員三十二人，分爲四班，日夜當值。軍機處司員亦由各部院司官兼任，是軍機大臣的僚屬，又叫軍機章京。京師官場習慣上稱軍機大臣爲大軍機，軍機章京爲小軍機。小軍機雖無決策權，然參與機密、繕寫上諭，且易見到皇上，位置十分重要。朝廷文武官員對他們均另眼相看，禮貌有加，儻若下到各省去，督撫兩司也把他們當作大軍機一樣地供奉着。

楊鋭、譚嗣同、劉光第、林旭四人的被授予軍機章京，與罷黜禮部六位堂官一樣地轟動朝野，因爲他們四人都不屬正常的遷升。楊鋭、林旭皆内閣中書，劉光第刑部主事，都衹是六品小官，驟然擢升四品卿銜而進軍機，屬異數。譚嗣同品銜雖是四品，但他是候補知府。全國候補知府少説也有上千，大部分終年難得一差，像譚嗣同這樣從候補知府一步邁入軍機處，簡直有日出西邊的味道，怎不令人驚異！

朝野内外，都知道這四位新章京是維新派，皇上破格提拔他們，是要藉助他們來推行新政。他們眼下的地位固然重要，今後的前程則更不可限量。楊、譚、劉、林也深知皇上對他們的器重，決心使出全身氣力來報答皇上的聖恩。譚嗣同更是慷慨激烈，多次與他的同志們説：歷覽古今，變法少有成功而多爲失敗，衹要是爲了國家百姓，縱然失敗也是英雄。我已是再生之人，生命不足惜，變法儻若失敗，流血殺頭，我一個人去承擔。其他三人十分欽佩譚嗣同這種殺身成仁的勇氣，也一致表示既然維新便義無反顧，不成功則成仁，用以報答皇上的浩蕩恩德。

四位小軍機是如此滿腔熱血，但接納他們的軍機處却是冷冰冰的。

眼下的軍機處大臣有世鐸、榮祿、剛毅、廖恒壽、王文韶、裕祿等人。恭王任領班後，世鐸就不管事，現在恭王已去世，他依舊不管事。榮祿重任在肩，很少去軍機處。廖恒壽老病，王文韶除户部

外，還兼着總署，事多，也很少去軍機處。於是在軍機處頂着辦事的便衹有剛毅、裕禄兩人。裕禄是新進，通常被稱作打簾子軍機，不能跟剛毅相比。這樣，軍機處的掌門人便自然而然的是剛毅了。

剛毅能幹又肯幹，但剛愎自負，驕傲自大，作爲一個滿洲筆帖式出身的官吏，他的漢學根基薄弱，缺乏與其權位相匹配的文化素養。此人又有很重的種族偏見，滿洲人關二百多年了，他依舊認爲滿漢之間有着不可調和的對立，甚至説出『滿洲疲漢人肥』這樣不合時宜的話來，自然引起許多漢員的反感，但他也因此而贏得了包括慈禧在内的滿洲親貴大員的信賴。

正因爲此，剛毅從骨子裏反對變法。他不願因變法而改變現行的社會秩序，更不願因變法而影響自己的地位和由此而帶來的既得利益。他有慈禧和滿洲大員的支持，並不把皇上看得怎麼重，一切變法維新的事他不過應付着辦辦而已。對這次超擢四章京一事，他在心裏也是持否定態度的。所以，當章京領班富山帶着楊鋭等人第一次去軍機處值廬見剛毅時，彼此間便都不愉快。

剛毅擺出一副十足的大人物模樣來，腰板挺直地坐在大炕床上，兩條腿分得很寬，右手捧了一把擦得鋥亮的銅水煙壺，左手握一根細長的紙媒子，紙媒子的頂端冒着淡淡的輕煙。他吹燃了紙媒子，然後將燃燒的火對着水煙筒上裝煙絲的銅管，嘴巴吸着另一根銅管。

呼嚕嚕地響過一陣後，他重重地吐出一口煙來。這時，纔半眯着眼睛對着站在面前已好一陣子的四個章京説：『從左至右，報上姓名、籍貫、出身、官職。』

從楊鋭開始，依次爲譚、劉、林，四個章京遵命報着。這中間，富山點頭哈腰地服侍剛毅：從剛毅手裏拿過銅煙壺，倒掉煙灰，又裝上新的煙絲，將紙媒子吹燃，然後再奉獻給他。剛毅接過又咕嚕嚕地抽了一臺。

第十七章　血濺變法

這副情狀，令四個新章京看着都不舒服，尤其是譚嗣同，更是窩着一肚皮火。他既厭惡富山阿諛巴結的醜態，也惱恨剛毅目中無人的倨傲。撫臺公子譚嗣同熟悉官場，知道一邊抽煙一邊見客，是將客人當作僕役一類看待，乃極不禮貌的舉動。他本是個心氣高傲的人，一向瞧不起昏庸老邁的頑固派，見剛毅這副裝腔拿大的模樣，心裏早已反感至極。

『這軍機處章京可是個重要的位置，不但要勤快，還要學問好。我看你們四個人中衹有劉光第一個進士，譚嗣同連個舉人都沒中，這個差，你們今後會當得不輕鬆，要多學着點。』待四個人都報完後，剛毅斜着眼從左至右掃射過一遍，以老前輩的姿態訓道。

這是一句很傷人的話！楊鋭始終對自己未中進士而遺憾，聽了這話，心裏不免有點氣短。二十四歲的林旭，對剛毅這話十分不服氣。他原本才學出衆，今春因忙於閩學會的事而躭誤了春闈，對這次罷第並不太在意，他相信自己有足够的實力在下科高中，本想頂一句，但想起初次見面不可太莽撞，便沒有吱聲。譚嗣同是個不以功名爲意的人，他看重的是真才實學而不是考場上的高下。剛毅説這話時，他在心裏嘀咕着：要説這話，也輪不上你呀。你一個筆帖式出身的人，什麼功名都沒有，也無資格諷刺別人呀！他很想揭揭這位協揆的老底，但也礙於初次見面，强忍了這口氣。

剛毅一點也不看他們的臉色，繼續説：『這幾天，你們什麼事都不要幹，先見習見習，看別人怎麼做的，好好學着。』

説完將銅煙壺向炕桌上一放，站起身來，拍了拍身上的煙灰，然後邁着方步走出值廬。

譚嗣同等四人走到隔壁軍機章京辦公的房間。當時章京滿漢分開辦公，一個班八人，滿四人，漢四人。他們先走到漢案邊。不料一個五十多歲的章京從眼鏡片後翻起眼皮説：『我輩是辦舊政的，諸

位辦新政，坐在這裏恐不合適。』

四人一愣。譚嗣同瞪了這個老章京一眼，本想斥罵一句，想到剛來乍到就發脾氣不太合適，便將到嘴邊的罵聲强咽了下去。楊鋭、林旭等人走到對面的滿案邊。坐在滿案處辦公的一位年輕章京白了他們一眼，說：『我們用的是滿文，你們到這裏來摻和什麼？』

譚嗣同再也忍不住了，怒道：『這裏既然没有我們辦公的案桌，我們乾脆不辦了，走吧！』

說罷拉着楊鋭等人就要出去。

富山怕把事情弄大，於他不利，便趕緊攔住楊鋭，說：『不要生氣，我來給你們準備四張案桌。』

劉光第也覺得爲這點事不辦公也不合適，便勸譚嗣同說：『不要走了，乾脆我們四個人在一起辦公吧！』

一會兒，四個太監搬來了四張案桌，大家衹得坐下來。富山對大家說：『就按剛大人說的辦，你們先學着。軍機章京的事主要有三樁：一是擬旨，二是謄抄，三是蓋印密封。還有一點最爲重要，叫做守口如瓶。這值廬裏發生的事，出了值廬，對任何人都不可以說起，上自官長父母，下至妻妾兒女，都不能透風。誰要說出半個字來，牢房裏的枷鎖囚衣在侍候着哩！』

譚嗣同聽了這話，心裏又火了起來：守口如瓶，這誰不知道，還要你來講！枷鎖囚衣，這是什麼話，難道我們是你的奴才！富山忙別的事去了，其他的章京也在各自忙碌，四個新人没有一點事幹，都枯坐着。

坐了一會，楊鋭、劉光第便主動走到其他章京背後，看他們在做些什麼事。林旭年輕好動，乾脆走出值廬，到別處溜達去了。譚嗣同托腮呆坐，心裏想：我被皇上擢升爲軍機章京，到這裏來辦公，他們怎能這樣對待我，是欺生，還是對維新有抵觸？越想越不對勁，越想越生氣。

正在這時，剛毅手裏拿着一沓紙大步流星地走進值廬。

剛毅一進值廬，便高聲叫道：『富山，有一道緊急上諭，你叫人謄抄下。』

富山從剛毅手裏接過上諭，將當值的各位章京掃了一眼，見他們都在忙着，惟有譚嗣同呆呆地坐在那裏，不知做什麼事好，便走了過來：『譚章京，你把這道上諭謄抄了吧！』

這原本是件不會引起任何不快的正常差事，但譚嗣同的反響却與衆不同。第一次來軍機處當值，剛毅的拿大和富山的獻媚就令他心中大爲不快，地方官場上那一套使人作嘔的東西他看得多了，原以爲軍機處作爲最高權力機構理應乾净點，没想到也這般陳腐。他心裏既感委屈又感痛苦，恨恨地想：這個腐爛的官場，看來真要從上到下連鍋端掉纔行。再說，譚嗣同是一個自視很高的人，對這種抄抄寫寫的小活計，一向不屑於爲，第一次到軍機處辦事，就做這謄録的苦差，他心裏也不樂意。兩種情緒疊在一起，他就没有好氣了。

譚嗣同以一種鄙夷的目光看了富山一眼，說：『剛大人不是說了嗎？我們新來的這幾天什麼事都不做，衹是見習見習。你叫別人去謄吧，我還不懂規矩哩！』

富山這個人，別看他在剛毅面前卑躬屈膝的，在下屬面前也是一個愛抖威風的角色，何况派章京的差乃是他領班的份内之事，他如何能容忍這種頂撞！遂馬上臉色一變，喝道：『這是命令，你得執行；不懂規矩，你得學着懂規矩！』

譚嗣同是個喫軟不喫硬的人。他刷地站了起來，狠狠地瞪着富山怒道：『我就是不抄，看你又怎麽樣！』

一句話頂得富山下不了臺。滿屋章京都停止手中的活，一齊看起熱鬧來。楊鋭性格較温和，怕把事情弄僵，忙過來圓場：

『富領班，這個上諭由我來謄抄吧。譚章京從來没抄過上諭，不懂規矩也是實話。』

説着，便從富山手裏拿過上諭草稿來。富山也從剛纔這一幕中看出譚嗣同是個不好惹的人，再堅持要他抄，他决不會屈從，反而弄得自己下不了臺，於是順水推舟地説：『好吧，就由楊章京你來抄吧，半個時辰後交給我！』

富山不敢再對着譚嗣同的目光看，側着臉離開了。譚嗣同也不再做聲，坐在一旁看楊鋭謄抄。

上等白蔴紙上，出現一行楊鋭端秀的楷書：

有關新政諭旨，各省督撫應迅速照録，切實開導。代遞各件，立即原封呈送。

譚嗣同看到這行字，心裏立時沈重起來。顯然，朝廷有關新政的諭旨，不少行省的督撫没有迅速照録，也没有切實開導，地方上有關新政的條陳，也顯然許多没有原封呈送，在中途受阻或被刪改。上令不能暢行，下情不能通達，這維新事業如何能推行，國家如何能早日出現生機？自己身爲皇上特拔的軍機處章京，尚且受到如此冷漠，地方上欲行新政的官吏士紳所遇到的阻力，更可想而知了！唉，爲什麽明明是害國害民的陳腐，却偏偏難於剜除？明明是富有希望的生機，却偏偏易遭壓抑？這中間的原因在哪裏？是個人利害驅使，還是惰性使然，抑或是大多數的人原本就是冥頑愚陋、目光短淺，而先知先覺注定要備受苦難、歷經坎坷？

譚嗣同陷入了深深的苦惱之中。

『湖北這個道員劉鼐是個有定見的人，他不人云亦云，我欣賞他！』

就在譚嗣同獨自思索的時候，剛毅邁着老爺步來到正在謄抄的楊鋭的身邊。他是要看看楊鋭的字寫得如何，看着看着，不覺脱口説出了這句話。譚嗣同一聽，心裏想，湖北有一個施宜荆道道員劉鼒，是個很頑固守舊的人物。他堅决不同意張之洞在學堂裏兼設中學、西學的主張，反對『中學爲體，西學爲用』的説法。他所管轄的施南、宜昌兩府及荆門州的所有學堂一律不開西學。他也因此聞名兩湖。怎麽又出來個道員劉鼐呢，莫不是楊鋭抄錯了？譚嗣同側過臉去看楊鋭謄抄的上諭，寫得明明白白是『湖北施宜荆道道員劉鼒』，看來，抄的人没錯，説的人錯了。

譚嗣同想起剛毅説的四個人中衹有一個進士的話來，這個忘了自己筆帖式出身而譏笑别人功名不够的滿洲權貴，却原來是個唸白字的先生。他心裏好笑：你失禮在先，就别怪我刻薄了！

『剛大人，你不要把小鍋子當成大鍋子看了！』譚嗣同説了這句話後，先自哈哈笑起來。楊鋭也現出會心的笑容。

剛毅不明白譚嗣同説的什麽，依舊是一副高高在上的派頭：『什麽小鍋子、大鍋子，這是軍機處值廬，不是你家裏的厨房！』

譚嗣同明白了剛毅不懂認錯了字，而且對『鼐』『鼒』兩個字的意義也不懂。好吧，今天就讓你來見識見識我這個舉人都未中的新章京的學問。

『剛大人，上諭上的字你唸錯了。不是劉鼐而是劉鼒，鼐是大鍋子，鼒是小鍋子。』

剛毅臉上紅一陣白一陣地。他知道是自己唸錯了，但又拉不下臉皮來承認錯誤，更惱火譚嗣同在衆人面前這樣奚落他。

『什麽大鍋子小鍋子的，還不都是鍋子嗎？』

剛毅終於憋出這樣一句自我解嘲的話後，立即走出值廬門檻，迫不及待地離開這個使他尷尬的氛圍。

剛毅剛一出門，值廬裏立即爆發出一陣哄堂大笑。原來，剛毅是個專門唸白字的大學士。『皋陶』作爲人名，『陶』應唸『繇』音，但剛毅不知道，仍唸的『陶』本字。有一次唸上諭時，把『瘐死』唸成『瘦死』，又有一次把『聊生』讀成『耶生』。於是有好事者作一聯以譏之：『一字誰能爭瘦死，萬民可惜不耶生。』剛毅霸道，自己唸錯了還不許別人糾正。翁同龢因爲常給他糾錯而得罪了他。翁同龢的被罷黜，他在中間起的壞作用不少。

值廬中的章京對剛毅敢怒不敢言，今日讓譚嗣同這麼一弄，他們也跟着出了一口氣，都開心地大笑起來。

剛毅記下了這個仇，但因錯在他，亦不便發作。到了第三天，因爲一道條陳的事，他又和新章京們發生衝突了。

上條陳的人爲湖南邵陽舉人曾廉。曾廉説可以變法，但不能用小人變法，而康有爲、梁啓超乃舞文誣聖、聚衆行邪、假權行教之徒，皇上當斬康有爲、梁啓超以塞邪惡之門。曾廉的這些話，語氣雖强横，實際上並不可怕，可怕的是他摘録了梁啓超在長沙時務學堂爲學生劄記所作的幾條批語，再加上自己的案語，恭呈皇上御覽。其中最爲厲害的一條是梁啓超的批語：『屠城屠邑，皆後世民賊之所爲，讀《揚州十日記》，令人髮指眦裂，故知此殺戮世界，非急以公法維之，人類或幾乎息矣。』

曾廉對這段批語加上案語：『本朝美舉不可殫述，梁啓超獨擡出《揚州十日記》，無非極詆本朝，以惑人心。臣實不知梁啓超是何居心也。』

剛毅主張將這道條陳奏報皇上，並提出軍機處的看法，立即拘捕康有爲、梁啓超，交刑部審訊，以大逆之罪處以極刑。譚嗣同、劉光第堅決反對這樣做。譚嗣同更對梁啓超的批劄一條條予以解釋、開脱，並特爲指出，揚州屠城並非太祖太宗的意思，而是多爾袞的擅自作爲，指責此事不是詆毀國朝，而是清算多爾袞，不能以此罪梁啓超。

劉光第主張此條陳不應上奏皇上，以免褻瀆聖明。譚嗣同主張可以上奏，但要表明軍機處的態度：當此詔定國是推行新政之時，曾廉的條陳實爲干擾大局，混淆視聽，居心大爲不良，應將曾廉處以毁謗新政罪論斬，以安人心而定社稷。

剛毅和譚嗣同、劉光第辯論。譚、劉引來一大堆有關新政的諭旨爲自己作論據。剛毅對這些諭旨平時全不放在心上，此時茫然無對。更加之譚嗣同詞鋒犀利，氣勢逼人，剛毅在他的面前簡直無招架之力。兩個年輕的小軍機把一個資望甚高的大軍機弄得狼狽不堪。回到家裏，剛毅越想越氣，一個通宵未眠，第二天一清早便直奔頤和園，找慈禧來評理。

慈禧耐心聽完剛毅的冗長陳叙後，心中已是滿腔惱恨。她緊綳着面孔問剛毅：『曾廉的條陳帶來了嗎？』

『帶來了！』

『李蓮英，你唸給我聽！』

李蓮英從剛毅手裏接過曾廉的條陳，戴上老花眼鏡，尖聲尖氣地唸着。

果然如此！一股怒氣衝上慈禧的腦門，她狠狠地上下挫動着滿口碎牙，終於從口裏蹦出四個字來：『康梁該殺！』

剛毅一聽大喜，忙說：『老佛爺聖明，奴才這就去傳老佛爺的慈諭！』

『慢着。』慈禧的臉色頓時又和緩下來．『這話你不能傳出去，後天皇帝到園子裏來，我去跟他說。』

剛毅滿心歡喜地走出頤和園，他心裏對這場所謂的『新政』前途已是洞若觀火了！

自從詔定國是到今天，短短的三個月內，光緒已是第十二次來頤和園請訓了。比過去的一月兩次超過一倍。自從罷黜翁同龢後，光緒對慈禧已產生了逆反心理，暗暗地滋生着一種不顧一切、雷厲風行、偏要這樣幹的情緒，但稟賦脆弱的他仍對慈禧有一股先天性的畏懼心，於是便藉勤跑園子來博得慈禧的好感，換取對他所行新政的支持。

慈禧看穿了光緒玩的這套小兒把戲，前幾次尚且虛與委蛇，後來乾脆告訴他，不必來得這樣多，祇要不違祖制，我不干涉你，你自己看着辦吧！光緒以爲太后爲他的孝心所感化，已改變態度了，遂有一次罷禮部六堂官和擢四章京之舉。

這天，光緒又一次來到園子。他恭恭敬敬地向慈禧問候：『孩兒請皇額娘聖安！』

慈禧一臉冰霜：『這日子都過不下去了，還請什麼安！』

光緒大喫一驚，立時便冒出一絲恐懼來，口裏說出來的話便不太利索了：『皇額娘哪裏不……不舒服了……』

聽了這話，慈禧愈加生氣，提高嗓門說：『這江山咱們不坐了，你讓給漢人吧！』

光緒被這話嚇壞了，渾身直打哆嗦：『皇額娘這話怎麼說，孩兒不……不明白……』

『你看看這個就明白了！』

慈禧指了指炕桌上的曾廉上的條陳，厲聲說道。

李蓮英過來，將條陳遞給光緒。光緒一邊看一邊手抖抖地。

『皇額娘，梁啓超在胡說八道，孩兒不會聽的。』

『你不會聽？』慈禧冷笑道，『他的老師康有爲，你現在倚爲左右手。他的朋友黃遵憲、譚嗣同，你都在重用，他本人也被你調到北京。你要知道，梁啓超的這些言論，都是出自於他的老師康有爲。康有爲早幾年就將咱們大清的紀年改爲孔子卒後多少年了。他的奸賊之心，不是清清楚楚了嗎？』

光緒一邊聽着慈禧的教訓，心慢慢鎮定下來。他爲康有爲辯道：『康有爲用孔子卒後紀年，學的是洋人用耶穌誕生紀年的方法，並沒有改大清正朔的意思……』

『你還爲他辯護！』慈禧打斷光緒的話，『我問你，你爲何一次就罷黜禮部六堂官的職務！僅僅因爲一個六品主事的一道摺子被攔阻嗎？那個主事要你放洋到外國去，他說的是人話嗎？咱們大清國的皇帝爲何要去洋人的國家，他洋人的國王爲何不到咱們大清來？這樣的摺子，懷塔布、許寶騤攔阻不奏，攔得對！即使他們攔錯了，能因這事革他們的職嗎？還要連累四個侍郎也一道丟官！你看看咱們大清的典册，從關外到關內，從太祖太宗到文宗穆宗，有誰做過這樣的事？你這樣意氣用事，不怕列祖列宗的責罵，不怕天下臣民的訕笑嗎？』

這一番話，說得光緒啞口無言，方纔稍稍鎮定的心又慌亂起來。他想辯說，但口囁嚅着，一時竟找不出一句恰當的話來。

慈禧連珠砲似的又說了下去：

『人家懷塔布快七十的人，從宣宗爺手裏便在內廷當差，五十年間，辛辛苦苦，忠心耿耿，從侍衛

做起，做到尚書，也不容易。你爲一點芝蔴大的事就將人家的官職一下子全革了，你叫他如何想得通，又如何有臉回家見子孫？懷塔布落得個這樣的下場，別的老臣眼看着不寒心嗎？你年輕，不知道過去的事。當年英國人和法國人打進北京來，是懷塔布的父親瑞麟大學士率敢死隊在通州頂着，三千人死了兩千，他也丟了一條胳膊。沒有瑞麟的血戰，洋人會答應簽字嗎？會有日後的安寧嗎？你就是看在他老子這番功勞上，也不能這樣對待他呀！還有，你裁光祿寺等衙門，你想沒有想過後果呀？』

光緒終於找到了一點說話的空當：『這些都是衹拿薪俸不做事的空閒衙門。皇額娘不也說過，朝廷養了一大幫子廢人嗎？』

『我是說過這話。』慈禧的火氣似乎緩解一些，說話的調門也沒有剛纔高，節奏也放慢了許多。『我知道朝廷養了一幫子廢人，我也知道這些廢人多在光祿、鴻臚這些寺裏。可是你知道嗎，這些廢人都是些什麼人？大部分都是咱們滿洲的人，都是些要看顧的寶貝兒！』

慈禧指了指炕桌上的銀碗。立時有一個宮女走上前，雙手捧起那隻銀碗來，一直送到慈禧嘴邊。慈禧淺淺地喝了一口。宮女將銀碗放回炕桌，抽出別在衣襟縫裏的雪白絹帕來，慈禧接過手帕印了印嘴唇，繼續說：『有一些人，祖上是跟着世祖爺入的關，他自己又給朝廷當了一輩子的差，也謹慎勤勉，但才幹差了些，到老了朝廷要酬勞他，升他個卿貳大員。讓他到六部去，他沒那個本事，讓他到臺諫去，他又幹不了，衹好讓他們到光祿、鴻臚去，有個卿貳大臣的名分，又不擔心他壞事。又比如，他是咱們滿洲的大功臣，但他子侄輩本事不及他，差很多，老子功勛太大，朝廷若不蔭及子侄則不足以酬勞，他若不看着兒輩做到卿貳大臣則不肯瞑目。你說說，這些做子侄的打發到哪裏去，自然不能去部院，也衹有讓鴻臚、光祿來安置了。你想想，朝廷若沒有這些衙門，又怎麼來辦這攤子事呢？祖宗當年設置這些衙門，都是用心良苦的。你一下子都裁去，打掉了咱們多少滿洲大員的飯碗，他們能不生怨嗎？皇帝呀——』

慈禧拖長着聲調說出這三個字後，語氣完全換成了一個心地良善性情溫和的老太太的腔調：『你還年輕，不大懂事，額娘要對你說幾句腹心話。咱們大清國是滿洲人打的天下，也要靠滿洲人出死力氣來保。滿洲人不過四百萬，而漢人有四萬萬，咱們一個滿洲人要頂一百個漢人，如果不給滿洲人超過漢人一百倍的好處，他會出超過漢人一百倍的力嗎？皇帝呀，你變法也好，維新也好，有一條你要記住，就是不能得罪了滿洲人。得罪滿洲人，也就得罪了祖宗，最終就會失去江山。漢人，歸根到底是不可信賴的呀！你千萬要記住，這是列祖列宗世代相傳的家法。』

光緒木頭似的呆立着，再也不知說什麼爲好了。

『皇帝，額娘今天還要跟你說句咱們娘兒倆的家常話。』對於光緒侍立在旁恭聽而不回話的情景，慈禧已經習慣了，她並不需要他的回話，衹需要他聽進去。『家常話』，這幾個字倒喚起光緒的格外注意。在光緒的記憶中，慈禧對他這個兒子是很少說家常話的。未親政之前，見面時總是問他書讀得怎麼樣，字寫得如何，末了總要加上一句『多習滿文』。親政之後，見面時便是說的政事國事。至於他的身體怎樣，喫得如何，睡得如何，心裏的喜怒哀樂等等，她一概不問。一般百姓家所常要說到的三姑六舅表親遠戚的話，慈禧更是閉口不提。所有這些，與他一個月見一次面的親生母親比起來，完全是兩回事。母親衹關心他的健康和心情，其它並不多問。所以從小到大，光緒與他這個名義上的『親額娘』總是親不起來。今天，她却要說起家常話來了，真真少有！

『我的娘家侄女你不喜歡，偏偏喜歡那個不安本分的珍丫頭，這或許是前世的緣分不够，我也沒有

辦法。』慈禧輕輕地嘆了一口氣。『但皇后是後宮之主，掌六院，管妃嬪，這是祖宗定下的制度。你不能剝奪她的權利，亂了這個規矩。』

光緒急道：『我没有剝奪過皇后的權利。』

『早幾天大公主過生日，你國事忙不能來，可以體諒，但你送的禮物，理應由皇后而不應由珍妃轉送。你這樣做，不僅冷落了皇后，也看輕了大公主。你懂嗎？』

光緒惘然望着慈禧，好半天纔似答非答地說：『孩兒知道了。』

五　光緒帝兩頒衣帶詔，譚嗣同夜訪法華寺

回宮中的路上，坐在豪華馬拉轎車裏的光緒的思緒一直没有停過，他回顧詔定國是三個月來自己的所作所爲。要説失誤，同時罷禮部六堂官一事或許可以説得上，太后説的『意氣用事』不是没有道理的。但其它的事，包括議論最多的裁撤衙門的事，也並没有做錯，衹是徐致靖老先生所説的：快了一點。怎麽能不快呢，光緒心裏急呀，急大清國總不爭氣，處處不如洋人，事事受洋人掣肘欺負，急自己徒有空名而没有實權，急那些文武官員衹知道享受朝廷給他們的權利和俸禄，卻從不替朝廷分擔憂愁。從上到下，數以萬計的官員，幾個有心肝血性？俟河之清，人生幾何？光緒恨不得一個夜晚就把眼前這些不如意的事一掃而光。他時常因身邊的大臣和各省督撫不能理解他的心而苦惱、而焦煩、而憤怒，但今天慈禧的一番斥責，卻也使一直處在燃燒狀態中的年輕皇帝冷静了許多。

這三個月來確實得罪了不少人，所得罪的人中又多爲那些懶散平庸慣了的滿人。他們表面不做聲，心裏不服氣，説不定，他們都在暗中跑園子，向太后訴苦，求太后爲他們做主。再説，梁啓超也太過

分了。揚州屠城，這是在揭老祖宗的醜事。向學生説這些，將會導致什麽後果，這不明擺着授人以柄嗎？另外，還有太后提到的康有爲的孔子卒後紀年的事，這也是一件無任何實際意義，衹能招致非議的標新立異之舉。光緒突然想到，康有爲、梁啓超其實衹是書生而已，他們並没有切實的仕宦經歷。隨着他又想起徐致靖、楊深秀，想起楊鋭、譚嗣同、劉光第、林旭，這幾個月來所提拔重用的竟然全是没有政務經驗的書生。自從翁師傅回籍後，有關新政事，身旁就再也没有一個既有熱情又有威望的大臣可以商量了，有一位衆望所歸的張之洞，本是替代翁師傅的最好人物，卻又在晉京的半途之中折轉回武昌。

猛然間，光緒有了一種孤立無援之感。這種感覺一旦湧出，生性脆弱的他便不由自主地慌亂起來。這時，慈禧的震怒和訓斥，懷塔布、許應騤及光禄寺等衙門官員的怨恨，榮禄、剛毅、徐桐等人頻繁地進出園了，以及最近董福祥甘軍的進駐長辛店、聶士成武衛軍的抵達天津，這一系列現象，便亂哄哄地交叠重復地出現在光緒的腦海中，一種莫名其妙的恐懼在心中産生。他似乎明白地看到：自己其實是手無寸權，這身九龍袍服不過是戲臺上的行頭而已。他又彷彿看到前面的道路越來越狹窄，越來越黑暗。他這幾個月來的朝乾夕惕，好比是在掘深淵，挖鴻溝，過不了多久，自己就將會來到淵溝的邊上，被人推下去跌得粉身碎骨……

直到在養心殿東暖閣裏坐下許久，光緒的一顆心仍在怦怦亂跳，他還未從恐懼中走出來。

下午四點鐘，是宫中的午飯時候，他特爲召珍妃進宫來陪侍喫飯。珍妃的到來，使他的心定了許多。席上，他把慈禧的訓斥一五一十地告訴珍妃，把大公主過生日那天因爲送禮惹得皇后和太后不快的事，也對她説了。珍妃説：『當時我就看出來了，我没有理睬她們。』

隔一會兒，珍妃又說：『我看，老佛爺昨天斥罵你，與皇后從中使壞有關係。她一向把家事和國事攪在一起。』

『珍妃，』光緒目光乏神地望着眼前的愛妃，凄然地說：『朝廷裏很多大臣都反對新政，我的努力恐怕會是白費了。』

『皇上，你不要太擔心。新政使國家富强，全國百姓都是支持你的。你的努力決不會白費。』

這話讓光緒的心稍稍舒坦了一點，但很快他的情緒又波動起來，沈重地說：『我現在纔知道，太后其實是反對新政的。珍妃，我對你說實話，我一直很怕太后，我知道我鬥不過她，如果她堅持反對，我就祇有罷休了。』

珍妃雖祇是一個二十三歲的少女，却生來膽大志豪有遠見。她深愛着光緒，愛他的聰明好學，愛他近於天真的純良，却又深爲他的膽小脆弱而惋惜。

早在兩年前，光緒便有意倣法日本和西洋各國，振衰起疲，變法圖强，但他顧慮多，疑心重，瞻前顧後，游移不定。珍妃一直在旁給他打氣，壯他的膽。三個月前的光緒終於下定决心棄舊圖新，與珍妃起的作用大有關係。

珍妃以憐恤的目光望着這個比她大五六歲的丈夫，看着他蒼白瘦削的臉龐和矮小單薄的身材，猛然覺得他似乎還不是成熟的男子漢，而祇是一個大孩子而已。她以母親哄孩子的腔調說道：『皇上，不要怕，有我在哩，有大清百姓在哩，你怕什麽。大不了，咱們停一停，待老佛爺百年之後，咱們再幹不遲！皇上，你做的事是對的，祖宗會保佑你的，上天會保佑你的，神明會保佑你的……』

珍妃絮絮叨叨地唸着唸着，果然，這一招很起作用，從園子裏帶來的慌亂感、恐懼感，慢慢地從這個欲辦大事却又膽氣薄弱的年輕人的心上離去了。

『咱們還是得想想辦法。』情緒穩定後的光緒開始了正常的思維。『得把這個情况告訴我的臣民。』

珍妃問：『皇上最想告訴哪些人？』

『康有爲。』光緒說，『康有爲說洋人支持大清新政，叫他去找英、法和日本的公使，若他們出面講話，太后和那些反對新政的大臣就會有顧慮了。』

『這個主意好。』珍妃立刻附和。『但不能召康有爲。康有爲品級太低，召見他招人注意，馬上就會傳到園子裏去。我看，不如召見新提拔的軍機章京，這屬於正常召見，不易引人注意。』

『行。』

『也不要四個人都召見，那樣太招眼。』珍妃補充。

光緒說：『就召見楊鋭吧！這些日子，我細心觀察了一下，楊鋭在這幾個新章京裏最爲穩重，性情也較平和，到底是張之洞的高足，今後可寄以重任。』

珍妃想了想說：『爲昭愼重，皇上還是寫一道諭旨，召見時將這道諭旨交給他，讓他帶出宫交給康有爲。康有爲還可以將這道諭旨出示給公使們看。』

『就這樣吧！』

宫裏的光綫已經暗淡了。珍妃親自點上燈，又磨好墨，在一旁侍候，光緒略爲定定神，提起筆來寫着。

今年夏天京師格外熱，紫禁城内因爲没有樹木，又比衚衕裏老百姓的四合院更顯得酷熱。正午時分，走過三大殿之間的金磚廣場，磚上的熱量可以透過兩寸多厚的朝靴直向脚底撲來，讓人有一種踏

在熱鐵板上的感覺。直到黄昏，灼人的熱氣仍不少減。大殿堂大閣樓因爲頂高磚厚，則比外面要清涼得多。

紫禁城惟有一處建築物，在這大熱的天氣裏不僅與外面一樣燥熱，而且還顯得更滯悶，這就是位於隆宗門外的軍機處值廬。

這一溜房子與周圍雄壯的宫殿極不相稱，又矮又小，瓦薄磚薄，加之辦事的人多，擁擠在一起，更顯得熱氣難耐。大軍機或根本不來，或坐一坐便走，留下那些小軍機叫苦不迭，一個勁地埋怨着：做軍機處章京還不如做討飯的叫花子！

掌燈的時候，當值的所有小軍機，一個個如同從牢房裏放出的囚犯似的，急急地往家裏奔，空蕩蕩的值廬，祇剩下兩個人：楊鋭和譚嗣同。他們以對新政的百倍熱情，自願呆在這熱得如蒸籠的小值廬裏加班加點。

『人都走光了，我們也不要這副君子相了，脱衣吧！』

譚嗣同邊説邊把長褂子脱了，還覺得熱不可當，乾脆把上衣也脱掉，祇穿一條短褲衩，又抓起一把大蒲扇，死命地摇着：『痛快，痛快！』

見楊鋭還是穿着後背都濕透了的長褂子，在全神貫注地讀着一份來自他家鄉四川的摺子，譚嗣同笑道：『叔嶠，脱了吧，別這樣死要面子活受罪！』

楊鋭遲疑一下，把大褂了脱下來。譚嗣同説：『祇有我們兩個人了，乾脆把上衣都脱了，打赤膊！』

楊鋭笑着説：『畢竟是宫中，打赤膊不雅觀，萬一有内監送個緊急文書來，看見了傳出去也不太好。』

譚嗣同説：『已經是夜晚了，莫説是内監，就是宫女來了都不要緊。』

楊鋭大笑：『若是宫女來了，就更不好了。』

二人正在嬉笑間，光緒的貼身太監王鑒齋急急走了進來：『皇上傳旨召見楊章京。』

楊鋭和譚嗣同都頗感意外：這麽晚了，皇上還召見，難道出了什麽大事？楊鋭趕緊把剛脱下的大褂子重新穿好，又把罩在帽筒上的嵌有青金石四品頂子的紅纓帽戴上，再對着鏡子上下整理整理，然後跟着王鑒齋急急忙忙地跨出值廬，走向西長街。

譚嗣同一個人坐在燈下，再也無心治事了。一股不祥之感越來越濃重地湧上他的心頭。在這班維新新貴中，譚嗣同算是一個很特別的人物。楊鋭、劉光第等人活動的範圍祇在京師官場，康有爲、梁啓超的支持者多在士林，譚嗣同與他們不同，他是結交滿天下，朋友遍四海，無論官場士林，還是市井街巷，不管江湖武俠，還是緑林會黨，各行各業，各門各道裏都有他譚公子的至交好友。當年京師鏢局的第一保鏢、北國有名的大刀王五便是他的生死之交。朋友多，消息也便多。湖南的朋友告訴他，長沙城裏新舊鬥争激烈，陳寶箴以巡撫之尊，徐仁鑄憑學政之位，都敵不過以耆儒名流王先謙、葉德輝等人爲首的反對派，湖南的新政不出長沙一城，且有越來越孤立之勢。湖北的朋友告訴他，張之洞的洋務局廠、新式學堂儘管名聲很大，但其實祇是虚有其表，不能細究，而且張之洞的新政也祇在局廠、學堂、鐵路、練兵而已，對於開議院、行民政他是堅决反對的。他的《勸學篇》，説穿了是脚踏兩隻船。尤其令人擔憂的是，張之洞對慈禧感恩甚深，一心一意向着慈禧，晉京途中半途折回，背景蹊蹺，值得玩味。而以他父親爲首的湖北地方各級官員對新政普遍冷淡，各項有關新政的諭旨全

都擱在箱子裏，有的甚至連包封都沒打開。江蘇的朋友告訴他，翁同龢的革職回籍對江蘇全省震動極大，江蘇官場與翁氏一家三代關係甚深，翁的倒臺，使他們膽戰心驚，目前都忙於自保，無暇顧及新政。對新政的成功，他們普遍不抱希望。江湖的朋友則告訴他，眼下秩序動蕩，民心浮動，絕大多數人對朝廷已經絕望，他們決不相信朝廷能行新政，而且滿漢衝突又起高潮，老百姓的怨恨已轉變爲種族仇恨，認爲是滿人害了中國。更有異人在江湖上活動，聯絡會黨，欲揭竿起義，重演洪楊舊事。江湖上，如今是旌旗晃動磨刀霍霍，與變法、學西方等時髦舉措全不相干，他們走的是另一條路。

這一連串來自四面八方的消息，使得一向抑鬱寡歡的譚嗣同更加憂心忡忡。雖然憂慮，但他並不失望，更不沮喪。他堅信惟有變革維新纔能救亡圖存，纔能致中國於富强，這是不能有任何選擇、任何猶豫，任何懷疑的惟一道路。早在十多年前，他便看出了這一點。衹是，他深知自己是孤獨的。後來他結識了康有爲、梁啓超等人，雖然增加了一些同志，但他仍感孤獨。三個月前，皇上詔定國是實行新政，並特徵他爲四品銜軍機章京。他歡欣若狂，認爲可以一展平生鴻抱了。然而，來到軍機處不久後，從朝廷，從軍機處，從各地的奏報上書及四方友人的來信中，他發現，即便是皇帝本人親自來倡導這件事，却依然是孤獨無援。

他爲此哀痛，爲此悲憤。他想到中國的讀書人，因數千年陳陳相襲的舊觀念，使得背上的包袱太過沉重，中國的百姓，因世世代代的貧窮困苦，早已變得麻木不仁，必須要有先知先覺大智大勇者，以生命和鮮血來震驚來喚醒。這段時期來，他已作好了準備：儻若哪天中國需要此種人的話，他譚嗣同願做第一個！

多少年來，除了這個偉大的事業能給他帶來激情和歡樂外，人世間已沒有多少東西讓他眷戀，讓

第十七章　血濺變法

他牽掛，讓他割捨不斷的了。

他最親愛的母親二十多年前就已經棄他而去。自那以後，家庭對他來說，就不再意味着親切和溫馨。他恨繼母，恨小姨娘，對自己的親生父親，他也沒有幾分感情可言。父親好色自私糊塗懦弱，雖居高位，實際上算不得一個大丈夫。他無子女：無膝下之歡，也無嬌兒之憐。他和夫人之間，或許是前生緣分不够，也或許是後世性格不合，彼此相敬之禮勝過相愛之情。結褵十多年了，分居兩地之日多，廝守一室之時少，絕不像尋常小夫妻那樣如膠似漆形影不離。同胞兄弟三人，大哥二哥早已先歸太虛，他本人也是從鬼門關口轉回來的。復生，復生，死而復生，這已經是第二次生命了。

親情既淡，生命已再，譚嗣同對人世無所戀，亦無所憾。他常想，儻若到了真要爲自己所耗盡心血的事業而獻身的那一天，他會坦然面對欣然就義的。他甚至希望有這麼一天，他能以一己之生命與鮮血，喚起國人的醒悟，那將是非常值得的，也將是他告別人寰最理想最壯美的方式。

就在譚嗣同心猿意馬惴惴不安地等待的時候，楊銳進來了。燈光下，譚嗣同看到的是一張憂愁的面孔。

『皇上跟你說了些什麼？』譚嗣同走上前去，想幫楊銳脫外褂。楊銳的手擺了擺，兩手相碰，譚嗣同感到他的手意外的冷。決不是好事！譚嗣同似乎已覺察了事態的不妙。

楊銳默默在一條凳子上坐了下來，輕輕地說：『給我一盃涼茶！』

譚嗣同趕緊將自己喝了一半的茶端過來。楊銳接過，一口氣喝了個精光。

『復生，這是皇上剛纔頒給我的密詔，看了你就知道了！』

楊銳從內衣口袋裏掏出一張摺疊的紙來，譚嗣同忙接過展開，那紙已被汗水浸成半濕了。他小心

翼翼地捧着，凑到燈下看了起來。

近來朕仰窺皇太后聖意，不願將法盡變，並不欲將此輩荒謬昏庸之大臣罷黜，而用通達英勇之人，令其議政，以爲恐失人心。雖經朕屢次降旨整飭，並且隨時有幾諫之事，但聖意堅定，終恐無濟於事。朕亦豈不知中國積弱不振，至於阽危，皆因此輩所誤，但必欲朕一旦痛切降旨，將舊法盡變，而盡黜此昏庸之人，則朕之權力實有未足。果使如此，則朕位且不能保，何況其他！今朕問汝：可有何良策，俾舊法可以全變，將老謬昏庸之大臣盡行罷黜，而登進通達英勇之人，令其議政，使中國轉危爲安，化弱爲强，而又不致有拂聖意。爾其與林旭、劉光第、譚嗣同及諸同志妥速籌商，密繕封奏，由軍機大臣代遞，候朕熟思，厲行辦理。朕實不勝十分焦急，翹盼之至。

特諭！

獨處值廬時種種不祥之兆的思考，果然從皇上處得到了驗證，譚嗣同一時間悲憤莫名。

『叔嶠，皇上還説了些什麽？』

楊鋭從譚嗣同的手裏將密詔拿回，重新叠好，放進衣袋裏，然後慢慢説：『皇上將昨日在園子裏遭太后訓斥的事略爲説了些。還説，變法到了今天，已處於危急存亡之秋。我們要和康有爲、梁啓超一起商議，是否可請外國公使館出面，發表支持文告，藉外人之力來壓太后。』

譚嗣同緊閉嘴唇思索着。他深陷的雙目和清癯的面孔，因冷峻而變得森厲起來。他伸出手來，對楊鋭説：『把密詔交給我，我現在就出宫！』

如同接受命令似的，楊鋭的手不由自主地伸向衣袋。手指剛碰上那張紙，却又停住了。

『你這樣急急忙忙地出宫，會引人懷疑的。很難説門禁中没有太后安置的密探。你難道忘了衣帶詔故事嗎？可惜我們無針綫，不能縫之於衣帶中，萬一被人搜出怎麽辦？不如明早，我們從從容容出宫爲好。』

漢末曹操專權，獻帝以指血寫密詔授國舅董承，命他定計除曹。皇后將此詔縫於賜給董承的衣帶之中，而躲過曹操的嚴查。這便是歷史上有名的衣帶詔故事。

譚嗣同聽楊鋭這麽一説，渾身打了下冷顫，難道皇上已到漢獻帝那樣的可憐地步了嗎？

『皇上漏夜相召，説明此事已經危急了，怎麽能再等到明天呢？我必須立即出宫，找南海先生籌商良策，你給我吧！我會有辦法不讓門禁看出破綻的。』

楊鋭將密詔從衣袋裏拿出，但手依舊攥着，不願交出來。

『你是怕被人搜出來吧！』譚嗣同在身上摸來摸去，突然有了主意。他把脚上穿的靴子脱下一隻，從裏面將底幫撕開兩寸長的口子。『藏在這裏，總可以吧！』

『好吧！』楊鋭覺得將密詔藏在此處，也還妥當，便親手將密詔小心翼翼地塞進譚嗣同的靴幫子裏。譚嗣同重新穿好靴子，神色凄壯地向楊鋭抱了抱拳：『我走了！』

楊鋭心一緊，説：『你要多多注意，明天上午我來南海會館找你。』

譚嗣同通過景運門時，四個門禁中有兩個已坐靠楹柱邊睡着了，另外兩個正有一句没一句地説着閒話，見譚嗣同大步流星地朝門口走來，其中一個年歲稍長的開了腔：『譚大人，散差了？』

譚嗣同隨口答道：『這天一絲風都没有，悶得難受。你們還得守在這裏，怪辛苦的。』

另一個年紀稍輕的説：『没法子呀，喫這份糧，就得受這份罪。』

譚嗣同靈機一動，從衣袋裏取出一個銀元來：『這是塊鷹洋，值七錢一銀子，四位哥們拿去買幾

碗冰鎮酸梅湯喝喝吧！』

那年輕的忙走過來，一手接住，連聲說：『譚大人心眼好，憐恤咱哥們，過不了多久，皇上就會賞您個大軍機！』

『好！託你的吉言！』

譚嗣同忙跨過景運門，穿過黑沈沈的宅墻，來到錫慶門。錫慶門衹有兩個小門禁把守，譚嗣同向他們點頭笑了笑，其中有一個認得譚嗣同的，叫了聲：『譚大人！』

譚嗣同又拿出一塊鷹洋來，遞了上去：『老哥，我有點急事出宮，請你開一道東墻小門讓我出去吧！』

東西兩圍墻有幾道小門，是專爲進宮做粗事賤事的小民用的。正常情況下，進宮辦事的官員都從東華門裏進出，譚嗣同想儘快出宮，不願多走路從東華門出，又怕東華門人多眼雜，無故添出什麽麻煩來，於是用小惠來買通門禁。這小門禁是用過鷹洋的，見到這塊青灰色的銀洋，很是高興，痛痛快快領着譚嗣同穿過錫慶門來到東墻，打開一道三尺餘寬的小門。

走出禁城的譚嗣同，這時纔長長地出了一口氣：情形原來並不是想像中的可怕。莫非衣帶詔故事，是文人的杜撰！譚嗣同顧不得多想，蹽起大步，直奔粉嶺衚衕南海會館。

來到南海會館時，已是三更天了。康有爲和梁啓超長談到深夜，剛睡下不久，見譚嗣同貪夜來訪，都大爲喫驚。

『南海先生、任公，皇上漏夜召見楊鋭，頒下密詔。』

譚嗣同一坐下，便把靴子脱下來，從靴幫子裏抽出詔書來，雙手遞過。

康有爲拉了拉梁啓超的衣角，說：『我們跪下接旨。』

梁啓超覺得實在没有這種必要，但又不好違抗老師，便衹得跟着康有爲跪了下來。

康有爲恭恭敬敬地磕了三個響頭，然後朗聲唸道：『臣工部主事康有爲謹領聖旨！』然後高高地舉起兩隻手，從譚嗣同手裏接過詔書，再站起，走到燈下細看。梁啓超也在一旁看着。

康有爲的雙手慢慢顫抖起來，兩眼也慢慢盈濕模糊。

『皇上呀，皇上！』終於，康有爲放聲痛哭，高聲慟叫起來。

梁啓超勸道：『先生，現在不是哭的時候，我們要爲皇上分憂想辦法！』

譚嗣同也說：『南海先生，皇上期待我們拿主意！』

梁啓超打來一盆水，康有爲洗了臉，三人重新坐好，開始籌議。

康有爲說：『皇上主要是缺乏領兵的人，有幾個領兵的人死心塌地跟着皇上，就不怕老太婆了。』

康有爲很討厭慈禧，從來不用太后、老佛爺這樣的尊稱來叫她，通常呼她爲老太婆，有時氣起來，還會罵她老妖婆、老惡婆。

梁啓超說：『要説兵丁，六十六鎮緑營可謂一群喫糧的蛀蟲，衹是嚇唬老百姓，打起仗來一點用都没有，天下真正管用的軍隊衹有四支：一支是張之洞在江南練的自强軍，二是董福祥的甘軍，三是聶士成的武衛前軍，再加上袁世凱的新建陸軍，我們衹能從張、董、聶、袁四人考慮。』

譚嗣同說：『張之洞在江南練的自强軍，現在由劉坤一在掌管。劉坤一也是個老邁昏庸的人，這支兵不要考慮。董福祥的甘軍和聶士成的武衛前軍，早已奉榮禄之命，分别從甘肅來到長辛店、從京郊來到天津，榮禄是太后的人，這兩支兵力已在太后的掌握之中，不可能再聽皇上的命令來對抗太

后。現在惟一可考慮的便是袁世凱的新建陸軍了。』

『袁世凱可用。』康有爲立即接言，『乙未年我辦强學會時，袁世凱剛從朝鮮回來便來找我入會，又捐五百兩銀子。這事卓如也知道。』

梁啓超說：『袁世凱在國外十多年，與日本和西洋各國打交道多，眼界開闊，頭腦清楚。我和他談過一上午的話，他給我的印象很深，是個可資信任的領兵之人。』

譚嗣同說：『要想得到袁世凱的實心擁戴，必須請皇上給他越級提拔。他現在衹是一個道員銜，我看可以由皇上賞他一個侍郎銜。他必然感恩戴德，在危急之中爲皇上効命。』

梁啓超說：『我以爲，不如乾脆勸皇上遷都上海，離開北京。老太婆捨不得頤和園，她不會跟着到上海去。擺脱老太婆，皇上就可以自主了。』

康有爲說：『幾年前，我就提出遷都一事，或遷上海，或遷廣州都可以。滬穗風氣開通，遠比北京好。但這是以後的事，遠水不能救近渴，眼下還是復生的主意好。事不宜遲，復生你趕緊回去，和叔嶠商量，擬個摺子，最好能面見皇上，當面説清。我和卓如過會就到日、俄等國公使館去遊説。』

譚嗣同剛出門，便遇到了急急趕來的楊鋭。楊鋭告訴譚嗣同，已將密詔事告訴了一早進去當差的林旭、劉光第。譚嗣同也把籠絡袁世凱的主意告訴楊鋭，楊鋭同意。他知道袁世凱這幾天正在京師，住在西郊法華寺。小站練兵處在法華寺長租一間僧房，作爲聯絡及辦事的處所。

譚嗣同說：『這真是天遂人願，看來袁世凱是皇上的護法天神韋馱。』

楊鋭說：『你回到瀏陽會館去準備摺子，我回宮，在軍機處值廬等候王鑒齋。跟他約好，正午十二時讓他到值廬取摺子。你在十二時之前把摺子繕好帶到值廬來。』

『行，就這樣辦。』

一切都按照他們的安排在順利進行着。

十一時半，譚嗣同風急火燎地送來奏摺。十二時，王鑒齋準時來值廬提取。半個小時後，楊鋭、譚嗣同見王鑒齋急如星火般出宮。六時許，就見到袁世凱風塵僕僕地跨進景運門。

楊、譚、劉、林四位新章京在心裏長長地舒了一口氣。約一個小時後，又見袁世凱氣字軒昂地從遵義門裏走了出來。藉着薄暮的餘光，他們看見這位新建陸軍統領的臉上洋洋有喜色，便知道他一定是從道員升爲侍郎了。衆皆欣慰。

不料第二天傍晚，幾乎在楊鋭被緊急召見的同一個時刻，林旭也被皇上召見，同樣奉了一道密詔出宮。

翌日上午，在康有爲的主持下，梁啓超、譚嗣同、楊鋭、劉光第、林旭緊急聚會於南海會館。首先由林旭宣讀密詔：

朕今命汝督辦官報，實有不得已之苦衷，非楮墨所能罄也。汝可迅速出外，不可遲延。汝一片忠愛熱腸，朕所深悉，應愛惜身體，善自調攝，將來更効驅馳。朕有厚望焉。着康有爲迅速前往上海，毋得遷延觀望。特諭。

康有爲聽了這道諭旨，又大聲痛哭了一場。衆人或跟着流淚，或板臉握拳，盡在悲憤之中。

林旭首先說：『皇上想倣傚西洋議會，開懋勤殿議新政，遭到榮禄、剛毅的反對，太后也加以斥責。皇上心裏非常痛苦，深覺勢單力薄，難以對付舊派，看來京師近期內會有不測之變發生。爲了維新大業的前途，請南海先生遵旨先去上海避一避。至於我林旭，決不離開京師，我要在這裏與那些老

朽較量較量，大不了一死而已。』

康有爲說：『暾谷不怕死，難道我就怕死嗎？我也不去上海，留在京師輔佐皇上，與老妖婆鬥到底！』

林旭激動地說：『我林旭死不足惜，南海先生乃維新變法的旗幟，衹要南海先生不死，中國的維新大業就沒有失敗。』

梁啓超說：『暾谷說得有道理，先生宜速離北京去上海。我們都留在這裏，靜觀事態的變化。』

劉光第說：『皇上眼下心情焦急，諭旨所說的話難免有過頭之處。依我看，目前並不是失敗之時，我們不要太悲觀。』

譚嗣同猛地一拍座椅扶手，厲聲道：『我看，一不做二不休，乾脆藉九月天津閱兵之時，來個非常之舉，將老太婆及榮祿、剛毅都抓起來，看誰還敢反對變法！』

這真是石破天驚，又好比山崩地裂，譚嗣同的這幾句話把大家都給鎮住了。一時間，南海會館的氣氛如雪飄冰封，酷暑之中，仿佛覺得冷風颼颼，寒意逼人。

兵變！抓慈禧太后！這些個維新派精英什麼都敢想，什麼都敢幹，但除譚嗣同一人外，任誰都還沒有想到這等事上來。

這個老太婆是什麼人？二十多歲時她便敢於親手發動政變，殺肅順、載垣，廢除顧命祖制，實行垂簾聽政。佔據半壁江山、立國十三四年的太平軍就在她的手裏雞飛蛋打，祇做了一場天国夢而已。跋扈囂張、不可一世的湘軍在她的手裏被乖乖裁撤，化解於無形。上自居正位的慈安，下至處領班的恭王，都不是她的對手，至於朝廷的親貴大臣，各省的督撫將軍，所有鬚眉男子全都匍匐於她的石榴

裙下。她甚至可以將太和殿丹墀上的龍鳳來個上下顛倒，以表示她至高無上的地位和不可侵犯的權威。若說導大清於强大，致百姓於富裕，她一無所長一竅不通的話，使權術，弄政變，玩天下於股掌之中，行詐術於談笑之間，則當今中國無一人可比得上。儻若不是計出萬全，有百倍制勝的把握，這種念頭豈可動得？衹要有一絲半點風聲泄露，彌天大禍便不旋踵而至！

太突兀，太離奇，太駭人聽聞了！大家都不做聲，心裏頭却如翻江倒海般的不得安寧，眼光不由得望着康有爲——他們的精神領袖、龍頭大哥。

康有爲也是大感意外。他在心裏掂量幾下後，咬緊牙關說：『我看復生這個想法也並不是完全不可能的。自古以來，成非常之事者必有非常之舉，這個老妖婆倒行逆施，已到天怨人怒的地步，祖宗神靈都會庇佑我們的成功。關鍵在於，這事由誰來做？』

譚嗣同接話：『當然是袁世凱。』

康有爲說：『是的，此事非袁世凱莫屬。衹是袁世凱敢不敢做，我們不知道。一個侍郎的官銜，是不是已使他成爲皇上的人，也還不清楚。當然，事成之後，可以讓袁世凱做大清的兵馬副元帥。但若此事不成的話，袁世凱也有滅門之禍，他不會不考慮的。』

梁啓超說：『先生說的對，得摸清他的態度！』

『我去！』譚嗣同刷地站起，慷慨說道，『我譚復生這就去闖虎穴，今天夜裏若沒有回來，你們就當我已葬身虎口了！叔嶠，暾谷，你們把皇上頒發的兩份密詔借我用一用！』

衆人都一齊站起來，一股悲壯之氣衝塞南海會館。楊銳、林旭將密詔交給譚嗣同。康有爲緊握譚嗣同的雙手，沈重地說：『復生，維新大業能不能成功，大清能不能富强，皇上能不能制服老妖婆，

就在此一舉了。千萬斤重擔，全壓在你一人身上。你不可太莽撞，要相機行事，說服袁世凱，我們都在這裏等你勝利歸來！」

譚嗣同堅定地說：『大家放心吧，我一定會把袁世凱說服的！』

法華寺建於元代，是北京外城的一個大佛寺。清初，剛進關的八旗軍就駐紮在寺院周圍，後來又做過正藍旗的校場。

法華寺的僧人們頗懂世俗的經商之道，利用寺廟地處京城的好條件，著意裝飾了十幾間僧房用來出租。此招甚靈，來此租房的人絡繹不絕。法華寺靠着這筆收入，把一個古舊佛寺侍弄得活絡而充滿生機。

新建陸軍駐紮在天津東南七十裏的小站，爲便於辦事，分別在天津城和北京城設有聯絡處，北京的聯絡處便在法華寺。五天前，爲着與德國公使商談一筆軍火生意，統領袁世凱親自來到北京，下榻在法華寺的聯絡處。

這幾年，新建陸軍在袁世凱的訓練下，很快成爲新式軍隊中最爲突出的一支人馬。袁世凱受到朝野內外的一致稱讚，有識之士更把他稱爲一顆前途無量的政壇新星，而此時的袁世凱，尚不滿四十歲。袁世凱在海外多年，對世界形勢頗爲瞭解，知道中國需要變革，故對維新活動予以關注和支持。因此，新派也對他抱有好感，徐致靖還專摺保薦過他。儘管袁世凱知道自己口碑很好，遷升可待，但他決沒有想到鴻運竟來得這樣突然，這樣快捷。轉眼之間，便從正四品的道員擢爲從二品的侍郎，連升三級，一下子便由一個地方中級官員變成一個朝廷大臣了！真正是祖宗保佑，福星高照。亢奮了兩天後，袁世凱想起，應該給皇上上一道謝恩摺。

星月照耀的法華寺，莊嚴而不神秘，靜穆而不冷寂，燈火下，袁世凱獨坐書桌前，握管構思。袁世凱不喜讀書作文，功名僅祇秀才而已，他是靠銀子捐了監生身份，纔得以獲取文官的資格。平時在軍營，有的是詩書滿腹而功名不遂的文人替他捉刀，可今夜全靠自己搜腸索肚，他一時有點作難，剛寫了一個題目，便覺得下文難以爲繼了。他離開座椅，背手在屋內踱起步來。

這時，門被輕輕推開，聯絡處的一個都司銜武官進來說：『袁大人，有個人要見您。』

『這麼晚了，是什麼人？』袁世凱顯然不樂意此時見客。

都司說：『我已經替您擋了，他堅決要進來。』

袁世凱不大高興地說：『我現在正在辦重要的事情，要見，明天再說！』

『袁大人，再緊要的事也緊不過我的事，你今夜非見我不可！』

從都司背後傳來一句尖厲的聲音，原來客人已經到屋裏來了。

袁世凱見來人一身夜行服裝束，腰間微微隆起。軍戎出身的袁世凱一看便知道那裏藏着兇器：或是匕首，或是西洋短火槍。刺客！他的腦中很快閃過這兩個字。

與此同時，來人也在死死盯着袁世凱：不及中人的五短身材，一顆特別肥碩的腦袋，兩隻又圓又大的眼睛裏精光閃亮，上嘴唇有一道濃密的一字鬍。

『你是誰？』袁世凱威嚴發問，『如何深夜來此見我？』

『哈哈哈！』來人尖聲笑起來。『袁大人，你是貴人眼高，認不得我。』

雖是笑聲，卻分明透露出一種逼人的威懾之氣。

袁世凱已感覺到此人的來頭不小。他見多識廣，是個極爲敏捷乖覺的人，見此情景，立刻改變了

態度：『壯士莫怪，袁某一時想不起來，請問壯士尊姓大名！』

『我乃譚嗣同！』

啊，這就是海內聞名的譚公子，而今天下矚目的新貴譚章京！

『哎呀呀！袁某有眼無珠，不知是譚老爺光臨，方纔多有得罪，該死該死，還望譚老爺大肚海量，請坐請坐。』袁世凱的態度來了個徹底大改變，滿臉笑容可掬，一副謙卑神態，又對站立一旁的都司斥道，『你還不趕快向譚老爺請罪，快去端一碗好香茶來，求得譚老爺寬恕！』

都司連連打躬作揖，又趕緊雙手捧了一碗香茶敬上。譚嗣同微笑着坐了下來。

袁世凱以很懇摯的態度說道：『譚老爺名播宇內，聲聞南北，袁某景仰之至，總是無緣相見。此次超擢軍機章京，足見皇上對譚老爺的器重。袁某多次想登門拜謁，衹是顧慮到譚老爺新政事忙，無暇接見，遂不得不打消這個念頭。想不到今夜譚老爺光臨法華寺，真是天賜良緣，使袁某一償多年宿願，確實是三生之幸。聖人云不知者不怪，方纔的莽撞之處，千萬請譚老爺莫往心裏上記。請喝茶，喝茶。』

譚嗣同與這位新近崛起的軍事統領還是第一次見面，這之前腦子裏裝着的是有關此人的各種議論評說。對於一個素昧平生的不速之客的冷漠與拒絕，並非多大過錯，而一旦得知後立即殷勤接待，足見他的誠懇。袁世凱的這番表現消除了譚嗣同的疑慮，他喝了一口茶說：『袁大人才幹超群，識見卓越，我心儀已久。』

袁世凱忙說：『譚老爺言重了，譚老爺纔真的是海內人望。』

『造次闖進法華寺求見，本不應當，然事情緊急，不得已如此，還請袁大人見諒。』

袁世凱的心不由得緊縮一下。譚嗣同眼下是皇上的近幸寵臣，說是有緊急事，莫非是受皇上之託而來？遂斂容說：『有什麼事情，請譚老爺明示。』

譚嗣同莊容正色地說：『袁大人，皇上自四月下旬行新政以來，頒發新政諭旨上百道，但於官員升黜，除禮部一事特殊外，幾乎未有動靜，至於軍營中，更無一人得到提拔，而在上千個帶兵統領中惟一越三級而擢升您。您說說，皇上對您如何？』

袁世凱激動地說：『皇上對袁某的恩德，天高地厚，袁某粉身碎骨無以報答。』

譚嗣同又說：『袁大人，您看皇上屬於怎樣的君主？』

袁世凱立即答：『皇上乃曠代聖主，實聖祖、高宗爺一脈相傳的有爲君王。』

『好！』譚嗣同說，『袁大人既感皇上大恩，又知皇上爲聖主，若皇上遇到急難之事，您如何辦？』

袁世凱不假思索朗聲答道：『皇上若有急難之事，袁某將親率新建陸軍，爲皇上解危靖難，雖赴湯蹈火，在所不辭。』

『皇上現在就遇到了急難。這是皇上近日頒發給楊銳和林旭的兩道密詔。袁大人，您先看看。』

譚嗣同從內衣袋裏取出兩道密詔來，袁世凱忙跪下，雙手過頭捧接。隨即站起，走到燈下細看。

袁世凱邊看邊想，越想越覺得形勢緊如繃弦且危如水火。

袁世凱是個精明透頂的政壇射雕手。他雖居小站，却對京城中的朝局瞭如指掌。他深知變革對中國的重要性，也深知變革會遭到既得利益者的反對，因而充滿着危機和風險。他也知道主張變革的皇上並未握實權，而不希望變動的太后纔是大清的實際主宰者。他爲自己定下的方略是：安處小站練好

新軍，靜觀大局，不卷入漩渦。皇上超擢他爲侍郎，他知道皇上想依靠他。當然，他更需要依靠皇上，他決不會拒絕而是心存感激。他感激皇上的聖眷，會爲皇上辦事，但若是牽涉到新舊兩派的爭鬥，他會謹慎。現在，皇上將不僅讓他卷入爭鬥，而且是卷入與太后的爭鬥，袁世凱感到百般爲難，萬般恐懼。看完兩道密詔，他的後背已讓冷汗濕透了。

『譚老爺，皇上現在處境到底如何？』

譚嗣同臉色陰沈地說：『皇上被太后及一群老朽所包圍，不能自行其志，處於危難之境，袁大人是救皇上惟一有力之人。若袁大人助皇上，皇上可擊敗太后及老朽；若袁大人助太后，則皇上將有可能被廢。』

袁世凱被譚嗣同這幾句話震驚了。在此之前，他還沒有意識到自己今天已在朝廷最高權力的爭鬥中，處於這樣至爲重要的地位，也決沒有想到自己要在帝、后兩聖中擇一而從。也就是說，一股意外的力量已把自己推向風口浪尖，這一瞬間的選擇將決定一生的命運：或富貴極頂，或殺頭滅門！

見袁世凱沒有接話，譚嗣同望着他的兩隻眼睛，冷冷地說：『袁大人不願助皇上，我也不爲難你。你可以立即去頤和園告發我，說我譚嗣同勸你助皇上而背太后。我甘願就戮，當然，您可以立馬得富貴。』

袁世凱凜然回答：『譚老爺，您把袁某看成什麼人了！我袁家世受國恩，深明大義，皇上不僅是您的皇上，也是我的皇上。我得皇上非常之恩，自應非常報之。皇上有難，救護之責，豈僅您一人，也有袁某我的一份責任。您有什麼良策可以置皇上於平安，請說吧！』

得到袁世凱的明確表示後，譚嗣同這纔嚴肅地說：『要救皇上出危險，必須制服太后及那批反對

變法的老朽，欲達此目的，不行非常之變不可。九月間天津閱兵之事，很可能是太后與榮禄的一個密謀，到時利用董、聶二軍之力廢皇上而他立。所以，我們要先下手爲强。董、聶二軍決不可與您的新建陸軍相比，您先將榮禄抓起來再軟禁太后，則董、聶不敢反對您。』

榮禄是袁世凱的頂頭上司。自榮禄任直隸總督兼北洋大臣以來，袁世凱對他畢恭畢敬，奉若神明。至於太后，更是四十年來大清臣民心中至高無上的聖君明主。在與譚嗣同見面之前，抓榮禄、囚太后，這不僅是他袁世凱不敢做的事，而且是連想也不敢想的事。再說，皇上本就是太后立的，既然權在太后手裏，她要廢皇上不是一句話嗎，又何必利用天津閱兵？這個念頭在袁世凱的腦中很快閃過，正想就此和譚嗣同探討下，却突然再次瞥見譚嗣同腰間微微隆起的衣襟，立即明白這不是探討的時候。此時此刻，是幹也得幹，不幹也得幹！他衹得說：『若皇上閱兵時疾馳入我的軍營，在我的軍營裏傳令鏟除奸賊，則我定是會奉聖旨，盡全力抓榮禄而保皇上。』

譚嗣同盯着袁世凱看了好一會，猛然說：『榮禄是您的頂頭上司，一直待您甚厚，您到時能下得手嗎？』

袁世凱未料到譚嗣同會有這一招，腦門頂上沁出一排冷汗來。開弓已無回頭箭，話已說到這個份上是再也沒有猶豫遲疑的地步了，即便剛纔的一切都是做戲，也得把這出戲演完，而且要演得逼真精彩。袁世凱定了定神，慨然回答：『若皇上在袁某的軍營，則誅榮禄如殺一條狗耳！』

譚嗣同聽到這裏，纔長長地舒了一口氣，說：『如此，護聖主、清君側、肅宮廷、振興大清之功，袁大人您當居首位。』

袁世凱忙說：『不敢，袁某不過奉聖旨行事而已。』

譚嗣同起身道：『袁大人，今夜我們就談到這裏，具體事宜，我們到時再詳議。有什麼事，可派心腹之人到瀏陽會館來找我，也可到南海會館找康有爲先生。就此告辭了。』

送走譚嗣同後，袁世凱躺在法華寺的僧床上，輾轉反側，一夜未眠。第二天，他上午拜會禮親王世鐸，下午拜會協辦大學士軍機大臣剛毅。第三天上午拜會户部尚書、軍機大臣王文韶。這幾個人，既是國之大老，又是太后的寵臣，袁世凱試圖從他們處探聽點内幕消息，也想藉此來平衡一下前夜的傾斜。

第三天下午，袁世凱乘火車離開北京回天津小站。

就在這個時候，有一個人坐在由天津開往北京的火車上，與他相對而行。此人從北洋大臣衙門裏走出，即將進入紫禁城。

中國近代史上最慘烈的悲劇，便在這京津道上的往返車廂中策劃着。

六　百日維新全軍覆没後，張之洞憂懼難安

這個急急忙忙由天津回北京的人便是李鴻章的兒女親家、廣西道監察御史楊崇伊。楊崇伊不僅反對維新變法，尤其討厭康有爲。康有爲篡改孔子歪曲儒學的行爲，使得楊崇伊很憤慨，他認定康有爲是孔子的叛逆、國家的奸佞，便專與康有爲作對。乙未年，康有爲在北京辦强學會。他上摺斥强學會煽惑人心，圖謀不軌，結果强學會被查封。

康有爲在上海辦强學分會，《强學報》上用孔子卒後紀年等事，也遭到楊崇伊的嚴辭彈劾。光緒詔定國是，實行新政，楊崇伊認爲這是皇上受了康有爲的蠱惑，對這幾個月來所頒發的所有新政諭旨，他幾乎一概予以反感。他對禮部六堂官被罷黜事很氣憤，這使得他很自然地與懷塔布、許寶騤等人結成了聯盟。懷塔布十分看重這個仇視新政痛恨康有爲的御史，甘言讚揚，重金收買，楊崇伊遂熱心地爲守舊派賣力。他時常出入剛毅、懷塔布等人的府宅，密謀對付皇上和新政的策略。就在光緒頒發給楊鋭第一道密詔的時候，楊崇伊便在懷塔布的家裏擬就了一道密摺。第二天，懷塔布的福晉瓜爾佳氏再次進了頤和園。兩個老太婆閒話家常，談着談着，瓜爾佳氏突然煞有介事地對慈禧説：『老佛爺，近來京師很不安静。我們衚衕口上就有兩家人被搶劫了，有一家婆媳兩個被殺。我們家最近幾夜都睡不好覺，提防着哩。老佛爺住園子裏，太使我們放心不下了。眼看天氣也一天比一天凉了，還是早點回宫中去住爲好。』

這幾句近乎聊天式的話，却對慈禧很有震動：今年夏天是個多事之秋。皇帝行新政，鬧得舉國不寧，給鋌而走險的歹徒造成了機會。過幾天就是中秋了，今年中秋乾脆回宫裏去過好了。正在思忖着，李蓮英送來了奏摺。瓜爾佳氏見太后有公事要辦，便知趣地告辭。原來這奏摺正是御史楊崇伊上的。楊崇伊的摺子上説：近聞康有爲的江湖死黨有包圍頤和園挾持太后的非常之變，請太后速回宫訓政。

這原是懷塔布與楊崇伊策劃的一個嫁禍於康有爲的陰謀，分兩個側面同時進行。果然，有瓜爾佳氏那一番話在前，慈禧對楊崇伊這道摺子十分重視，而且越想越有可能，越想越害怕。當天下午慈禧就決定離開頤和園回宫，弄得光緒和宫中大小太監、宫女們措手不及。

懷塔布見這種恐嚇對老太婆極有作用，便和楊崇伊謀畫下一步。懷塔布説皇上突然間越三級超擢袁世凱，此舉值得大爲注意，楊崇伊對這一提醒很重視。懷塔布請他去一趟天津，和榮禄談一談。楊

崇伊在天津北洋衙門裏和榮祿商討了一個晚上。榮祿也感到皇上此舉非同一般。北洋三支新式軍隊，最强的是袁部，這樣看來，九月間的天津閱兵可能有戲看。榮祿的話給了楊崇伊一個啓發，這不又是一個很能打中老太婆的恐嚇？

一下火車，他便草擬了又一道請太后緊急訓政的奏摺，急忙送進宮中。

就這樣，第二天北京城風雲突變，形勢急轉。復出訓政的慈禧太后在短短的三四天內下達了一連串殺氣騰騰的慈諭：康有爲結黨營私，莠言亂政，革職。其弟康廣仁著步軍統領衙門拿交刑部，按律治罪。逮捕山西監察道御史楊深秀。將譚嗣同、楊鋭、林旭、劉光第、張蔭恒、徐致靖先行革職交步軍統領衙門拿解刑部審訊。全部恢復已裁撤的鴻臚寺、光祿寺等衙門。鑒於康有爲、梁啓超已逃逸出國，會商英國、日本公使協助緝拿。同時又以皇上名義佈告天下，因病重不能聽政，懇請皇太后再度訓政。

雷厲風行、轟轟烈烈、令舉世矚目的維新變法，從光緒詔定國是那一天起到他囚於瀛臺之日止，前後祇經歷一百零三天，便以新派的全軍覆没和舊派的全盤復辟而告終。消息傳出，世界各國爲之詫異，中國的官場士林爲之震驚，身處武昌的張之洞更是各種滋味盡湧心頭。

他的第一感覺和所有人一樣：震驚。一場本屬於建制、法規、律令方面的正常變動，却引發爲你死我活勢不兩立的權力爭鬥，而且如此之快便見分曉：敗者敗得一塌糊塗，勝者勝得威風凛凛。即便深知朝廷内幕、關注時局變化的湖廣總督都大感意外，這宦海翻覆之間，真是神鬼難測！

接下來，他便暗自慶幸，走對了兩步重要的棋。一是四月間匆忙撰寫了《勸學篇》，表明了自己在新舊中西之間不偏不倚、平和公允的態度。更重要的是，五月初的晉京之行中止於半途。

張之洞心想，儻若不是桑治平出面來勸阻，到了北京之後，勢必取代翁同龢的位置，也勢必會成爲皇上新政的謀畫者、支持者和執行者。那麽到了今天，也絶對會落得個失敗者的下場。爲此，他深深感謝姐夫，更感激目光遠大的摯友。

張之洞知道自己十多年來一直在辦着與『維新』密不可分的事業，説過許多與『變法』非常接近的言論，在世人的眼光中，他成了新派人物。同時，他與眼下朝廷最爲嫉恨的康有爲、梁啓超都曾有過交往。事實上，他對康、梁都很欣賞，尤其對梁更爲偏愛。這些細節，若落在舊派人物的手中，必會成爲攻訐的口實。一陣焦灼之後，張之洞開始細心地加以回顧清理。

辦洋務局廠、新式軍隊、新式學堂這些事情，雖是這百日内的新政項目，但實際上在此之前，也就是説在皇上親政之前，太后聽政時期，便已有朝廷明令辦理。顯然，這些都是太后允准的事，自然不會遭到再度聽政的太后的否定。在變法這件事上，他一直小心謹慎地守住綱常名教和祖宗根本這兩條底綫。關於這個態度，他在《勸學篇》中寫得非常明白：『夫不可變者，倫紀也，非法制也；聖道也，非器械也；心術也，非工藝也。』張之洞想，若有人在變法上爲難他的話，這幾句話便足以爲之辯護開脱。

這時，梁鼎芬走了進來，悄悄地附着張之洞的耳朵説：『香帥，焦山定慧寺飛江亭楹聯，您還記得嗎？』

梁鼎芬的這句突如其來的問話，將張之洞從沈思中喚回，他想了下説：『記得，這會子你怎麽會想起那副楹聯來？』

梁鼎芬壓低着聲音説：『自京師出大事以來，我一直在爲香帥回憶着看有没有給人落下什麽藉口

的，剛纔我突然想起那年在焦山的楹聯，好像有點不妥。」

張之洞的心下意識地緊縮一下：「有哪點不妥？」

「我記得，下聯的末句是『與時維新是正途』。太后現在最恨的是維新，儻若有人據此告密，說香帥您是維新派，那就麻煩了。」

張之洞的心突突地急跳起來：「那怎麼辦？這楹聯已在飛江亭上兩三年了，要收也收不回了。」

「把它刮掉！」梁鼎芬早已有了主意。「趁着現在還沒有人想起這件事時，趕緊刮掉，重新上漆。到時即便有小人生事，沒有了證據，他也硬不起來。」

「行，就這麼辦！」張之洞立即作決定，「節庵，就麻煩你到焦山去辦這件事。你立刻坐小火輪去，明天夜晚把它辦好。」

「好，我這就去！」

梁鼎芬說着，正要轉身出門，又被張之洞叫住了：「你帶一百兩銀票去，送給定慧寺的僧衆們。」

這一百銀票顯然是爲了堵定慧寺和尚的口，梁鼎芬佩服張之洞想得周到，答應一聲，趕緊出了門。

張之洞很感激梁鼎芬的這份心意。很快，他又不安起來：楹聯可以刮掉，但別的東西刮不掉呀！眼下太后最恨的是康有爲，上諭寫得很清楚：康「糾約亂黨圖謀圍頤和園劫持」，又說康「祇保中國，不保大清」。這樣看來，康有爲乃叛逆，怪不得太后痛恨他。張之洞很悔恨不該在江寧接待康有爲，更不應該資助他銀兩，讓他在上海辦《强學報》。還有，前年對梁啓超的接待，也是太出格了。這些事盡人皆知，決不像焦山上的楹聯那樣，可以一刮了之的。正好辜鴻銘進來，他把這件事說了出來。

「香帥，你早已與康梁劃清界限了。」辜鴻銘一本正經地說，「一部《勸學篇》，乃絕康、梁而謝天下，天下人豈能不知？」

《勸學篇》是預爲防患而作，但也沒有哪句說到「絕康、梁」呀，張之洞一時摸不清這個怪才肚裏的小九九：「湯生，你說明白點。」

「香帥，你不記得了？《勸學篇》開篇就說『邪說暴行，橫流天下』，若有人說你是康、梁的後臺，你可以明白地表示，你早就把康、梁的那一套稱爲『邪說』了。你禁止康有爲在《强學報》上以『孔子卒後』紀年，又斥責《湘報》上的不軌文章，這就是你反邪說的行動。又有言論，又有行動，陳寶箴、徐仁鑄他們能跟你比嗎？所以我勸香帥你放一百個心，儘管世間風急雨驟，你卻處磐石之上，風雨不動安如山。」

辜鴻銘的確給了張之洞一顆定心丸。但這顆定心丸仍不能讓他完全安定下來，他想起梁啓超在湖南曾辦過南學會。是的，可以通過取締它來以此表明自己堅決擁護太后，堅決反對康、梁的態度。

張之洞立即傳令，命電報房火速致電陳寶箴：立即取締反動團體南學會，禁止一切集會結社，以安定人心而維護社會秩序。

儘管下達了這個命令，張之洞的心還是忐忑不安。還有一樁事與他同樣關係密切，那就是這些天被捕的人中，至少有三個人與他關係不一般。

第一個是譚嗣同。他的父親身爲湖北巡撫，與張之洞共事多年，儘管於洋務兩人意見多有不合，但私交尚可。若要追究起來，譚繼洵自然責無旁貸，他這個湖廣總督也負有管教失嚴的過失。而眼下，譚繼洵不知處於何種境況之中。張之洞喚來女婿念礽，讓他代表自己去巡撫衙門探視譚撫臺。

晚上，念礽回來告訴岳父，譚撫臺雖爲兒子逮捕入獄而難受，但不擔心受牽連。原來出事後瀏陽

會館就拍來緊急電報，告知譚嗣同怕老父受牽連，在步軍衙門來查抄之前，便模仿父親的筆跡寫了一封斷絶父子關係的信，這封信可以保護老父。事實上，這兩天湖北撫衙也一片安靜，未見有事牽涉到譚撫臺的身上。張之洞聽了這話後，大爲寬慰，心裏對譚嗣同充滿愛憐。好個深明事理的孝順兒子，在這種危急關頭，還能靜下心來想出如此好法保全父親。這等氣壯如牛、心細如髮、又忠又孝的人，真堪稱天地間的奇偉大丈夫。可惜時運不濟，遭此困厄，但願能平安渡過難關，日後作爲當不可限量。身爲父親的譚繼洵都没有受到牽連，那他這個同寅自然更可以不負責任了。

第二個是楊深秀。早在山西時，楊深秀便因獻魚鱗册而受到張之洞的賞識，後聘請他出任晉陽書院的教習。他進京做官後，仍與張之洞保持良好的關係，並自稱是張的學生。張之洞有不少信件在楊深秀手裏。實行新政以來，楊深秀很活躍，張之洞對他的活動大多表示支持。張之洞擔心，儻若萬一查抄楊深秀的家，查出自己寫給楊的信件後，豈不成了麻煩事！張之洞向已任刑部官員的兒子仁權發出急電，要兒子打聽楊深秀的事，特别關注是否抄了楊家。第二天兒子回電：楊深秀雖入刑部大獄，但家却没抄。張之洞放心了。

最令張之洞憂愁的是楊鋭。作爲得意門生和受器重的幕僚，從太原到廣州，從廣州到武昌，楊鋭一路跟着他，從未分離過。那年，又是他推薦楊鋭進京任内閣中書，實際上是湖廣衙門在京城的耳目。這些年來，要説張之洞對待楊鋭，在信任和依靠上甚至超過了自己的兒子。感情上他不願意看到楊鋭被捕坐牢，理智上更覺得楊鋭不應該遭此劫難。張之洞深知楊鋭和康有爲不是一類人。楊鋭被皇上超擢，按諭旨辦事，何罪之有！即便皇上做的事大違太后之意，責任也在皇上身上，而不應當由一個軍機章京來承擔。楊鋭冤枉！

楊鋭在好幾封信裏，都説起過他與康有爲、譚嗣同等人的分歧，他是不贊成諸如民權、議院這些過激主張的。現在，却因康有爲的事而被捕入獄。一個正在成熟的國家棟樑轉眼間成了囚犯，這不太冤枉了嗎？要爲楊鋭訴這個冤！

張之洞剛一冒出這個想法，心裏又不免有幾分畏難。眼前的變局是太后一手在操縱的，新舊之争演變爲權力之争；從朝廷公佈的官方文書上，權力之争又被説成是鎮壓奸佞集團的正義行爲。楊鋭已和康梁同被列入奸佞一類，爲楊鋭訴冤，豈不是爲奸佞訴冤？身爲國家大臣，此舉豈不有和朝廷作對的嫌跡？訴不訴，如何訴？時局危急，又容不得太多的思考。張之洞爲此而心如火焚。他多想找一個人來商議商議，然桑治平已不在身旁，誰可與之談此等腹心話？

下午，念礽過來禀報漢陽鐵廠的事，説起鐵廠的總辦鄭觀應在幕友房裏與衆人聊天時，對譚嗣同、楊鋭四章京被捕一事深爲遺憾。又説督署幕友們也對楊鋭遭此不測之禍嘆息不已。念礽的這幾句話給張之洞以啓示：爲避嫌疑，自己不能出面，找一個局外人來關説，既可達到訴冤目的，又可以免遭風險。現在有一個最好的人選擺在面前，那就是漢陽鐵廠督辦兼鐵路公司總辦的盛宣懷。

此人絶對是新政的擁護者，是楊鋭等人的同情者，他門路極廣，且以局外人的身份出面更爲妥當，但不知道此刻他願不願意出面？

念礽説：『鄭觀應的話説得激昂，估計盛宣懷也是這個態度。再説，他現在跟我們關係密切，也不好意思拒絶。』

張之洞説：『這不是一般的事，不能勉强人家。你不妨先去鄭觀應那裏跟他説明，讓他先用電報與盛宣懷聯繫。若他願意，我再直接拍個電報。不過，所有這些都得對外嚴格保密。』

一個多小時後，陳念礽回來說：『一切都辦好了，您就擬電報吧！』

張之洞沈吟一會，對念礽說：『你記吧。』

陳念礽從衣袋裏掏出一支美國帶回的鋼筆，將張之洞口授的話一字字地記了下來：

盛京堂：楊叔嶠端正謹飭，素惡康學，確非康黨。平日論議，痛詆康謬者不一而足，弟所深知，閣下所深知，海內端人名士亦無不深知。此次召見蒙恩，係由陳右銘中丞保，與康無涉。且入值僅十餘日，要事概未與聞。此次被逮，實無辜受罪，務祈迅賜切懇夔帥、壽帥設法解救，以別良莠，天下善類同感兩帥盛德。叩禱。

王文韶字夔石，故稱夔帥。軍機大臣裕祿字壽山，故稱壽帥。

電報亥時發出，第二天未時盛宣懷回了一電：

張制臺：真電所言楊叔嶠事，已轉電仁和，力懇保全，聖躬未愈，有旨徵醫。宋伯魯革職，餘無所聞。

仁和即夔帥王文韶，他是浙江杭州人，杭州古稱仁和，以仁和代王文韶，乃是對王的尊敬。宋伯魯乃一名很活躍的新派御史，革職自是難免。張之洞看到這份電報，心情安定下來了。

王文韶與裕祿兩人中，盛宣懷沒有找裕祿而找王文韶，看來盛與王交情更深。王文韶眼下是太后的大紅人，身兼總署和軍機兩大任，他答應保全，大概楊銳的處罰不會太重。有旨徵醫，莫非皇上真的病了，多半是因新政失敗被囚而憂鬱成病？

北京幾乎所有的衙門都卷入了新舊之爭，朝政眼下不知亂到何種地步！張之洞電告兒子：遇有大事，隨時報告。

不料第二天深夜，仁權從京城發來電報：今日午後，康廣仁、譚嗣同、楊銳、楊深秀、劉光第、林旭被斬於菜市口，監斬人剛毅，京師百姓觀看者數以萬計。未等電報讀完，張之洞已軟癱在藤躺椅上。

這是怎麼回事呢？這樣重大的案件，當事人又是朝廷的重要官員，爲什麼不按正常的程序由刑部審訊，由大理寺定罪，就這樣匆匆忙忙，甚至可以説是亟不可待地把人殺了？

二百多年來的大清歷史上，似乎還沒有過這樣的先例。

就在接讀電報的前一分鐘還存在的企盼徹底破滅了，楊銳而今已是身首相分，倒在菜市口的血泊之中。可憐的叔嶠呀，你真是冤枉死了！整整的一個晚上，楊銳的音容笑貌一直在張之洞的眼前晃動：一會兒是尊經書院憨態可掬的年輕學子，一會兒是太原城秉燭夜書的勤勉幕僚，一會兒是奔走國是的熱腸京官。今年纔剛進的四十歲，一個大有作爲的幹才能員，一個憂國憂民的正直書生，怎麼能以這樣的形式結束短短的人生，離別他眷戀不已的國家、朝廷、老父妻兒、師友同寅？

張之洞知道，像這樣的朝廷欽犯，在菜市口砍頭，是有意暴屍示衆、三日之內不能讓人收斂的。還差兩天便是中秋節了，張之洞擡頭仰望夜空中那一輪即將圓滿的月亮，心裏無限的悲涼。今夜，菜市口是一副多麼恐怖的場景；今夜，京城楊宅又是如何地哀傷、悲痛！叔嶠七十歲的老父、十歲的幼兒、已成未亡人的妻子，既頭頂罪犯眷屬的惡名，又要承受失去親人的痛苦，未來的日子，將怎麼過呀！

張之洞要念礽速電仁權，派僕人帶一張千兩銀票悄悄地去楊宅探視，並轉達他的問候。

接下來，是一連串的相關消息：翰林院學士徐致靖永遠監禁，其子湖南學政徐仁鑄革職永不敘用，

積極行新政的户部侍郎張蔭恒革職，充軍新疆，將康有爲離間帝后圖謀不軌的罪行宣示天下。又命廣東地方官府抄查康梁原籍財産，逮捕已出逃的禮部主事王照的一兄一弟，保薦康有爲的禮部尚書李端棻革職，充軍新疆，交地方官嚴加管束，湖南巡撫陳寶箴及其子翰林陳三立，以及前湖南學政江標、翰林熊希齡均革職永不叙用，交地方官嚴加管束。在懲辦新派的同時，以懷塔布、許寶騤等爲代表的一批老派人物，或加官晉級，或官復原職。

一百零三天的維新變法仿佛一場春夢似的，一覺醒來，大清帝國没有絲毫變化，依舊是原來的舊模樣。

疾風驟雨般的瘋狂報復過去後，張之洞最爲擔心的是兩件事：一是有人會藉他曾與强學會和康梁有過聯繫，以及他與楊鋭的師生關係而攻擊他。這都是確確實實的歷史，他無法抹去，也無法改變，儻若遇到仇家要周納深文無限加碼的話，他張之洞也可以被視爲維新變法的積極擁護者，甚至是康梁的後臺而遭到嚴懲。事實上，有人已經在這樣做了。

十六七年前因貪污被參劾的前山西布政使，十二三年前藉徐致祥彈劾張之洞不成、賦閒家居一百天如今又官復原職的太常寺正卿葆庚，便找到了眼下言官中的大紅人楊崇伊，以用一萬貪污銀子買來的宋徽宗的一幅花鳥真跡爲誘餌，慫恿楊崇伊上了一道對張之洞的參摺，但慈禧將這份參摺留中未發下。一來張之洞是她一手提拔的而今享有盛譽的三朝老臣，二來一部《勸學篇》也使得慈禧深信張之洞決不是康梁一類的人。辜鴻銘的那句『絶康梁以謝天下』的玩笑之語，終於得到了證實。這樁事，兩年後張之洞從姐夫鹿傳霖那裏得知，使他對慈禧更添一分感激之情。

張之洞的另一個擔心，便是他耗費多年心血經辦的洋務局廠，會因這場變故而受池魚之殃。這個

擔心在幾個月後也慢慢消除了。鐵廠和鐵路都和先前一樣在正常的生産和施工中，盛宣懷及其得力助手們依舊在興趣濃厚地經營着，並對前景十分看好。其它如漢陽槍砲廠、漢陽火藥廠、紡紗局、織布局、製蔴局、繅絲局也事事照舊。

張之洞的仕途没遇到障礙，他所致力的洋務事業也没多大的影響。湖廣總督衙門的運轉一切如常，然而中國的政壇却因這次變故而大傷元氣，中國社會的進展也因此而中止甚或倒退。西方各國曾因新政而對中國燃起的一點希望之火也遭澆滅，灰藍色的眼睛裏充滿着對這個古老之國的政治不可理解的迷惘神色。中國的億萬百姓，也從此失去了以和平方式獲得富强的機會，被迫走上血與火的痛苦之路，神州大地，再度陷於壓抑、沈悶、暗淡的時空大隧道中。

終於，這種畸形的陳舊統治術導致了一場更爲混亂更爲可怕的大動蕩，大清帝國因此蒙受從未有過的奇耻大辱，摇摇欲墜的愛新覺羅王朝幾近覆没！